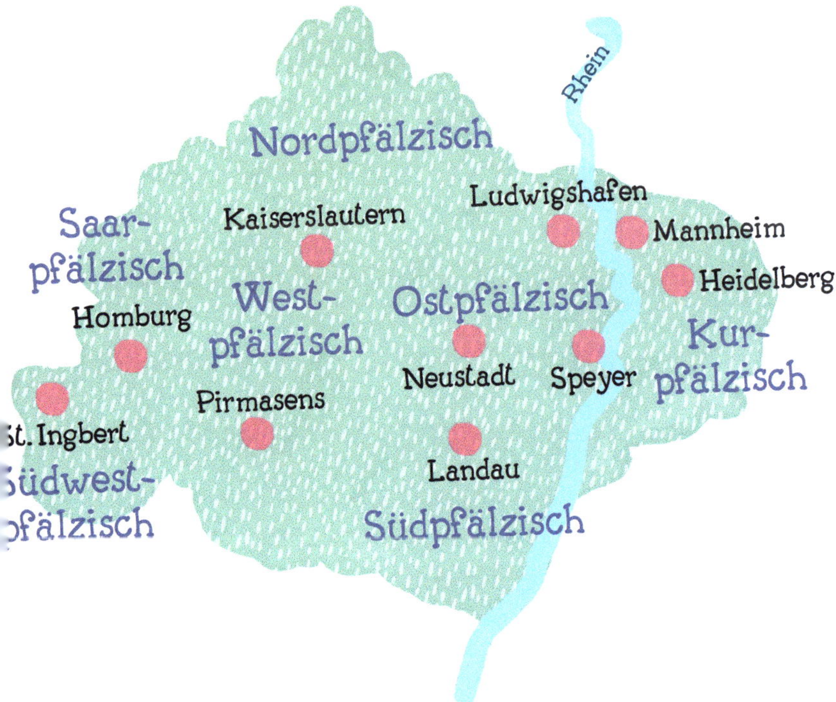
Rhein
Nordpfälzisch
Ludwigshafen
Kaiserslautern
Mannheim
Saar-
pfälzisch
Heidelberg
West-
pfälzisch
Ostpfälzisch
Homburg
Kur-
pfälzisch
Neustadt
Speyer
Pirmasens
Landau
Südpfälzisch

MICHAEL LANDGRAF

Pfälzisch

Alla hopp un uffbasse

Dudenverlag
Berlin

Inhaltsverzeichnis

Uffbasse!

Vorwort und Einleitung

»Uffbasse!« Aufgepasst, es geht los! Tief aus der Lunge strömt das *uff*, weich kommt dann das *basse* über die Lippen. Anders als beim hochdeutschen ›Aufgepasst!‹, das fast militärisch ein Strammstehen zur Folge hat, wird man im pfälzischen Sprachraum so auf das, was kommt, offenherzig und eindringlich zugleich vorbereitet.

Das vorliegende Buch führt in die Eigenheiten des Pfälzischen ein, und das in seinen Varianten Ost- und Kurpfälzisch, Süd-, Südwest- und Nordpfälzisch sowie West- und Saarpfälzisch. Es kann Pfälzerinnen und Pfälzer motivieren, reflektierter mit der eigenen Sprache und Geschichte umzugehen. Sprachfremden kann es helfen, das Pfälzische und die Pfalz besser zu verstehen.

Wir beginnen mit einer Annäherung, dem ersten Hineinschnuppern durch die beliebteste, jedoch für Fremde verwirrend klingende Redewendung der Pfalz. Es folgt eine Einführung in die Grundkommunikation *uff Pälzisch*. Erste Wörter und Gesprächsformeln, die man für eine Begegnung und Verständigung in der Pfalz braucht, werden präsentiert.

Im zweiten Kapitel geht es um die Pfalz und das Pfälzische. Aufgezeigt wird, woher der Name *Pfalz* kommt. Dazu werden Einblicke in die Regionalgeschichte und die Wurzeln des Pfälzischen im Lateinischen, Alt- und Mittelhochdeutschen, Jiddischen und Französischen gegeben. Anhand von Sprachlinien wird gezeigt, wie sich das Pfälzische als rheinfränkischer Dialekt nach außen hin abgrenzt.

Aber auch innerhalb des Pfälzischen gibt es wichtige Unterschiede, die erläutert werden. Spannend ist ebenso der Blick darauf, wo man das Pfälzische in der Welt noch spricht, beispielsweise in Pennsylvania.

Im dritten Kapitel werden grammatikalische Besonderheiten des Pfälzischen thematisiert. Es wird konjugiert und dekliniert, Pronomina und Verkleinerungsformen werden analysiert. Auch Wortverschmelzungen, Artikelwechsel, besondere Wortanfänge und Lautwandel sind hier ein Thema.

Das vierte Kapitel führt in Beispiele des reichen Wortschatzes und in viele Redewendungen *uff Pälzisch* ein.
So wird auch Sprachfremden klar, dass wenig Lobhudelei nicht unhöflich gemeint ist und dass so manche Menschen im pfälzischen Sprachraum Probleme damit haben, etwas kategorisch abzulehnen. Es geht um Alltagserfahrungen und Selbstbewusstsein der Pfälzerinnen und Pfälzer, um sinnliche Direktheit, Liebesbekundungen und Schimpfwörter, um Ortsnamen, aber auch um Pflanzen, Essen, Trinken, um den Wein und das legendäre Dubbeglas sowie um die Fabelwesen Elwetritsche. Danach steht eine Schlussbetrachtung, die die aktuelle Präsenz der Mundart im Leben der Menschen in der Region sowie die Zukunft des Pfälzischen samt einer Mission Mundart in den Blick nimmt.

Viel Freude beim Erkunden des Pfälzischen wünscht

Michael Landgraf

Kummgehfort!

Erste Annäherung

Kummgehfort!

Lieblingsredewendung

»Kummgehfort!«, also ›Komm her, geh weg!‹, gilt als die beliebteste Redewendung der Pfalz. Dies wurde 2016 bei einer von Michael Konrad initiierten Abstimmung in der größten pfälzischen Tageszeitung festgestellt. Wer des Pfälzischen nicht mächtig ist und zum ersten Mal von einem Pfälzer oder einer Pfälzerin diese Redewendung hört, ist sicher verwirrt und weiß nicht, was zu tun ist. Soll er oder sie sich annähern und den Kontakt weiter aufbauen? Soll man sich lieber umgehend entfernen?

Viel wird über diese Redewendung philosophiert. Christian »Chako« Habekost erkennt in seiner »Gebrauchsanweisung für die Pfalz« darin das wundervolle Beispiel einer pfälzischen Dialektik: These – Antithese – Synthese zeigen in einem Wort ein Kommen und Gehen, das er mit der gleichzeitigen Heimatliebe und Weltoffenheit der Pfälzerinnen und Pfälzer verbindet. Doch was bedeutet letztlich dieser dialektische und paradox klingende Spruch?

Des Rätsels Lösung ist einfach. Die Redewendung *kummgehfort* drückt aus, dass ein Pfälzer oder eine Pfälzerin über etwas staunt, zu übertragen mit ›Ist das wahr?‹ oder ›Das ist ja kaum zu glauben!‹. Gleichzeitig kann sie Bewunderung ausdrücken im Sinne von ›Das hört sich ja prima an!‹. Ob Zweifel oder Bestätigung: Die beabsichtigte Funktion erschließt sich nur denen, die genau hinhören und auch auf den Tonfall oder auf den Gesang des Pfälzischen achten (siehe S. 43).

Kummgehfort soll also mit seiner positiven Verwunderung niemanden abschrecken, sich dem Pfälzischen, der Pfalz und den Menschen dort anzunähern. Im Gegenteil ist damit gemeint, dass Pfälzerinnen und Pfälzer bereit sind, über die Welt und die Menschen zu staunen und ihnen offen zu begegnen.

Herkumme odder fortgehe?

Unn wiie?

Grundkommunikation bei Begegnungen

Die Grundkommunikation im Pfälzischen kann kompakt und sehr kurz sein. Wer auf dem Markt oder im Laden, im Wald oder bei einem Fest einem oder einer Bekannten begegnet, hat anderes vor, als sich lange in ein Gespräch verwickeln zu lassen. Daher werden nicht viele Worte gemacht und sich dennoch auf eine Grundkommunikation konzentriert, die zugleich höflich geführt wird. Und das dauert nicht einmal eine Minute!

»Unn?« – So beginnt man, vielleicht auch etwas ausführlicher mit »Unn wiie?«. Damit ist gemeint: ›Hallo und guten Tag! Wie geht es dir bzw. Ihnen? Ich hoffe, es geht dir bzw. Ihnen gut?‹

»Jo, un selwer?« wäre dann die prägnante, kurze Weiterführung des Gesprächs. Gemeint ist: ›Ja, es geht mir gut, ich kann nicht klagen.‹ Bei einer Begegnung bleiben Rückfragen nicht aus. So schließt sich mit dem *un selwer* die Frage an: ›Und wie geht es dir bzw. Ihnen?‹

An diesem Punkt der Kommunikation kann es kritisch werden. Hier könnte es sein, dass jemand lange über Befindlichkeiten erzählt. Das will man vermeiden. »Jo alla!« oder »Na alla!« ist daher meist die Antwort. Salomonisch offen wird damit ausgedrückt: ›Ich kann nicht klagen. Es geht so. Das Leben ist eben so, wie es ist. Manchmal geht es gut und manchmal halt nicht.‹

An dieser Stelle wird nicht mehr nachgefragt, es sei denn, man hat Lust auf ein langes Gespräch. Nun wird eine Redewendung eingebracht, die schon das Ende der

Kommunikation im Blick hat: »Alla dann!« Das bedeutet dann vorläufig abschließend: ›Das hört sich ja gut an! Das ist doch prima. Na denn, bis bald wieder einmal.‹

»Alla hopp!« – Mit dieser finalen Formel, die man sich unbedingt merken sollte, ist dann alles gesagt. *Alla* kommt von französisch (frz.) *allons* bzw. *allez*, den Imperativformen von frz. *aller* ›gehen‹, die bedeuten ›Gehen wir!‹ bzw. ›Geht!‹ (siehe S. 34 u. 123). Gemeint ist: ›Also gut! Dann gehen wir mal weiter. Auf geht's, ich freue mich auf ein Wiedersehen. Bis bald wieder einmal!‹

Grundkommunikation auf Pfälzisch

Donkschää

Erste Wörter auf Pfälzisch

Es gibt Formeln und Ausdrücke, die man bei jeder Erstbegegnung mit Menschen, die eine andere Sprache sprechen, kennen sollte. Auch hier liegt im Pfälzischen üblicherweise in der Kürze die Würze. Mit »Dach!« oder »Daach!« ist der Wunsch ›Guten Tag!‹ gemeint. Da in der Pfalz Tage in der Regel meist als gut empfunden werden, spart man sich den Vorspann *gut*. Dasselbe gilt für ›Guten Morgen!‹ oder ›Guten Abend!‹. So heißt es im Osten der Pfalz »Morsche!« und im Westen »Morje!«. Wer am Abend einen Besuch macht, für den gilt ein kurzes »Owend!« als völlig ausreichend.

Wenn Pfälzerinnen und Pfälzer wissen wollen, mit wem sie es zu tun haben, kommt oft die Nachfrage: »Wem gheersch(d)n du?« Die Direktübersetzung ›Wem gehörst du denn?‹ soll nicht an das Mittelalter erinnern, als es noch Leibeigene gab. Vielmehr ist gemeint: ›Zu welcher Sippe oder Familie gehörst du?‹, ›Aus welchem Ort kommst du?‹ oder ›Wo darf ich dich zuordnen?‹. Wer also diese Frage hört, darf sich eigentlich geehrt fühlen, denn sie setzt voraus, dass der oder die Fragende davon ausgeht, verstanden zu werden. Übrigens: Wenn Pfälzer und Pfälzerinnen merken, sie kommen mit dieser Frage nicht weiter, schmunzeln sie leicht und fragen direkter: »Wer bisch(d)n du?« (›Wer bist du denn?‹) oder »Wo kummsch(d)n her?« (›Wo kommst du her?‹).

Manche Grundwörter zu kennen, gebietet die Höflichkeit. Ein tief empfundenes »Donkschää!« – so bedankt man sich im Pfälzischen. Es kommt dabei ohne ausschmückende

Beiwörter wie bei ›Vielen Dank!‹ oder ›Ich möchte mich herzlich bedanken!‹ aus. Ebenso kurz ist die Bitte, die vielleicht bei einem Kauf oder einer Bestellung zum Einsatz kommt: »Bittschää!« Statt eines komplizierten »Würden Sie mir bitte …« verwendet man im Pfälzischen eher die direkte Aufforderung »Dädschd mer mol …«, was heißt: ›Tätest du mir mal …‹ (mitgedacht: den Gefallen).

»Hä?« Diese salopp gebrauchte Interjektion wird beim Nichtverstehen oder bei Nachfragen verwendet (›Wie bitte?‹). Der für fremde Ohren unhöflich klingende Laut ist nie böse gemeint, sondern eine schnelle Reaktion, um nicht lange nachfragen zu müssen. Stattdessen gibt es auch die Formeln »Was määnscht?« oder »Was määnschtn dodemit?« (›Was meinst du?‹ oder ›Was meinst du mit dem, was du sagst?‹).

Eine kurze Bestätigung erwartet man auch bei den Fragen »Weescht?« (›Weißt du?‹) und »Weeschtwieichmään?« (›Weißt du, was ich meine?‹), die im Pfälzischen meist als ein Wort gesprochen werden, oder bei »Gell?« (›Nicht wahr? Meinst du nicht auch?‹). Sie sind häufig am Ende eines Satzes oder einer Erzählung zu finden und werden in der Sprachwissenschaft Diskursmarker genannt. Als Reaktion darauf genügt meist ein kurzes Nicken oder ein bestätigendes »Jo!« oder »Ajoo!« (›Ja!‹).

»Tschuldschung!« heißt eine einfache Entschuldigung. Der kann man ein vielsagendes »Schiergar!« (›Beinahe!‹) folgen lassen, wenn beispielsweise ein größerer Schaden bei einem Zusammenstoß vermieden werden konnte.

Für den Erstkontakt ist es schließlich hilfreich, wenn man die Zahlen auf Pfälzisch kennt. Eins bis Zehn lauten *Ääns, Zwää, Drei, Vier(e), Finf(e), Sechs(e), Siwwe(ne),*

Acht(e), *Nain(e)*, *Zehn(e)*. Die Zahl 15 heißt in der Regel *Fuffzeh* oder *Fuchzeh*, die 50 *Fuffzich* oder *Fuchzich* und die 100 *Hunnert*. Im Pfälzischen kann aber auch das Geschlecht des Bezugswortes entscheiden, wie man zählt. So kann *Zwää* für ein Maskulinum, *Zwoo* für ein Femininum, *Zwaa* für ein Neutrum verwendet werden, was in den mittelhochdeutschen *zwêne* (maskulin [m.]), *zwô* (feminin [f.]) und *zwei* (sächlich bzw. neutral [n.]) wurzelt.

Schließlich ein praktischer Tipp für eine besondere Notlage: Wer eine Toilette sucht, findet sie unter den Bezeichnungen *Abbord* oder *Lokus* (siehe S. 28).

Annerscht

Pfalz und anderswo

Eine Redewendung, die einem in der Pfalz als Neuling häufig begegnet, ist: »Des is in de Palz halt annerscht.« (›Das ist in der Pfalz eben anders [als anderswo].‹) Mit *annerscht* (auch: *onnerscht*, *annerschda* bzw. *onnerschder*) wird signalisiert, dass Pfälzerinnen und Pfälzer gerne eigene Wege gehen und bei ihrer Lebensart bleiben wollen; dazu zählen beispielsweise das enge Beisammensitzen bei Weinfesten, das gemeinschaftliche Trinken aus einem Schoppenglas oder das gemeinsame Essen eines Flammkuchens von einem Brett. Dialektsprechenden rutscht bei einem Vortrag in Hochdeutsch manchmal ein *andersda* durch, was sie als Pfälzerinnen und Pfälzer entlarvt.

Palzrock ist Kult: Die anonyme Giddarischde

Das Anderssein ist Thema einer auf Festen frenetisch mitgesungenen Hymne namens »Palzlied« der Kultband »Die anonyme Giddarischde«. Darin heißt es: »Sicher hoscht du recht, wann du sagscht, dass der's annerschtwu a g'fallt. Awwer annerschtwu is annerscht un halt net wie in de Palz.« (›Sicher hast du recht, wenn du sagst, dass es dir anderswo auch gefällt. Aber anderswo ist anders und halt nicht wie in der Pfalz.‹) Das Lied, das Land und Leute, Sprache und Grundnahrungsmittel besingt, hat es 2022 auf Platz zwei der SWR1-Hitparade der beliebtesten 1000 Songs aller Rheinland-Pfälzer und -Pfälzerinnen geschafft, gleich nach dem Sieger »Bohemian Rhapsody« von »Queen«. Und wenn man mit einem Rückkehrer oder einer Rückkehrerin in die Pfalz spricht, der oder die länger außerhalb der Pfalz gelebt hat, wird kurz und trocken auf die Frage, wie es auswärts war, geantwortet: »Annerscht!«

Redde, babble, schlawwere

Kommunikationsformen

Es gibt viele Bezeichnungen für die Kommunikation unter- und miteinander. *Redde* ist der allgemeine und überregional verbreitete Ausdruck für die mündliche Kommunikation. »Vergess doi Red net!« heißt es, wenn man jemanden bei einem Vortrag unterbricht, der einem viel zu lang erscheint.

Babble im Café

Doch redet man im Pfälzischen ungern förmlich und allgemein. Lieber kommt man ins *Babble* oder *Babbeln*. Zugewandt und manchmal auch ohne viel nachzudenken, babbelt man dann, hält Small Talk auf einem Weinfest oder in einem Café. *Babble* oder *babbeln* bedeutet daher ›sich ungezwungen mitteilen‹. In der Nähe zum Badischen oder in der rechtsrheinischen Kurpfalz kann das auch *schwetze* heißen, ohne negativen Unterton, der beim hochdeutschen *Geschwätz* mitschwingt. Wenn ein Pfälzer oder eine Pfälzerin im Dialekt zu schnell redet, darf man mit einem direkten »Babbel net so schnell!« gerne den Redefluss bremsen. Schließlich ist eine *Babbelgrundlaach* (ab S. 50) das, was es braucht, um ordentlich Pfälzisch reden zu können.

Der Ausdruck *schlawwere* hingegen meint nun wirklich das ›Geschwätz‹ im negativen Sinne. Wer *schlawwert*, redet viel Unsinniges, doch kann der Ausdruck auch für ›schlabbern‹ verwendet werden, also den Kontrollverlust im Mundbereich.

Ein vierter Ausdruck ist *verzehle*: »Ich verzehl der mol was« bedeutet ›Ich erzähle dir mal etwas‹. Wenn einer aber ein *Verzehlsche* macht, ist damit trotz der Verkleinerungsform keine kurze Erzählung gemeint. Man kann sich zurücklehnen und hat hoffentlich ein feines Getränk parat, denn dann wird lange vorgetragen und tiefgehender philosophiert.

Manchmal wird in der Pfalz aber auch lauter kommuniziert oder miteinander diskutiert. Da kann man *plärre* (›plärren‹), *brille* (›brüllen‹), *kraggeele* (›schreien‹), *dischbidiere* (›[nicht zielgerichtet] diskutieren‹) und *spekdaagle* (›verbal ein Spektakel machen‹). Dass Pfälzer und Pfälzerinnen in »Ja so en gude Palzwoi«, einem der beliebtesten Lieder der Pfalz, neckisch *Krischer* (›Schreihals, Kreischer‹) genannt werden, zeigt, dass das lautere Kommunizieren im pfälzischen Sprachraum nicht unüblich ist.

Palz und Pälzisch

Sprachregion Pfalz mit Geschichte

Palz

Der Name Pfalz

Der Ausdruck *Pfalz* kann geografisch und politisch verwendet werden. Die Wurzel des Wortes liegt in Rom. Einer der sieben Hügel der damaligen Hauptstadt des Römischen Reiches heißt *Palatin*. Auf dem hatte seit Augustus der römische Kaiser seinen Palast. Im Mittelalter wurde für den zwischenzeitigen Verwaltungssitz und Gerichtsort eines reisenden Königs oder Herrschers der lateinische (lat.) Begriff *palatium* (›Palast‹) verwendet. Im Althochdeutschen (ahd.) lautete dies *phala(n)za* und im Mittelhochdeutschen (mhd.) dann *phalenze*, *phalze* oder kurz *phalz*.

Da die Könige und Kaiser im später »Heiliges Römisches Reich Deutscher Nation« genannten Herrschaftsgebiet lange Zeit Reiseherrscher waren, gab es sehr viele Königspfalzen im Reich, beispielsweise in Goslar, Aachen und Kaiserslautern. In Abwesenheit des Herrschers waren Pfalzgrafen verantwortlich für diese Pfalzen, also die Herrschaftssitze. Zur Zeit der Salierkaiser, die um das Jahr 1050 als Grablege den Speyerer Dom bauten, entwickelte sich der »Pfalzgraf bei Rhein« zu einem der mächtigsten Fürsten im Reich. Spätestens 1338 gehörte dieser dem Fürstenkollegium an, das den deutschen König und Kaiser wählte. Ab der »Goldenen Bulle« im Jahr 1356 wurden aus dem Kollegium die sieben Kurfürsten (*Kur* hat hier die Bedeutung ›Wahl‹) und aus der »Pfalzgrafschaft bei Rhein« das »Kurfürstentum Pfalz«. Wer übrigens international nach der Pfalz und dem Pfälzischen fragt, trifft auf Wörter, die gleichermaßen vom Palatin abgeleitet sind, beispielsweise englisch *palatinate* ›Pfalz‹.

Vom Palatin zur Pfalz

Eine humoristische Überlieferung führt den Namen *Pfalz* auf eine Begebenheit der Bibel zurück (Lukas 4,1–13). Als Jesus zu Beginn seines Tuns vom Teufel auf einen nicht benannten Berg gebracht wurde, zeigte dieser ihm die Reiche der Welt. Jesus wurde versprochen, dass er über alles herrschen dürfe, wenn er sich dem Teufel zuwende. Jesus habe jedoch nur gesagt: »Bhalts!« (›Behalte es!‹), woraufhin das Schönste dieser Reiche von nun an *Palz* genannt wurde. Ob der Teufel dieses Land behalten hat? Anscheinend geht es wirklich teuflisch zu in der Pfalz, denn vieles ist nach dem biblischen Diabolos (griechisch ›Verleumder, Durcheinandermacher‹ – im Pfälzischen der *Struwwelichmacher*) benannt. Man denke an eine der schönsten Gesteinsformationen in Deutschland, den Teufelstisch bei Hinterweidenthal, oder auch an die *Roode Deifel* (›Roten Teufel‹), den in der Region beliebtesten Fußballverein 1. FC Kaiserslautern.

Pälzer Lännel

Eine Region mit viel Geschichte

Als die Mundartdichterin Lina Sommer (1862–1932) das Gedicht »Unser Pälzer Ländche« verfasste, das heute noch unter dem Titel »Pälzer Lännel« als Lied gesungen wird, meinte sie die Pfalz in den linksrheinischen Grenzen von heute. Diese wurden 1816 im Königreich Bayern festgelegt und so definieren viele noch heute die Grenzen der Pfalz.

Dazu gehören die linksrheinisch liegenden Städte und Landkreise Ludwigshafen, Speyer, Neustadt an der Weinstraße, Bad Dürkheim und Grünstadt im Osten, Germersheim, Landau und Bad Bergzabern im Süden, Pirmasens und Zweibrücken im Südwesten, Kaiserslautern und Kusel in der Westpfalz sowie Winnweiler, Lauterecken, Rockenhausen und Kirchheimbolanden im Norden. Bei den zur Saarpfalz gehörenden Städten Homburg und Sankt Ingbert überschreiten wir heute die Grenze des Saarlandes, historisch gehörte das Gebiet im Königreich Bayern aber zur Pfalz.

Pfalzgrafschaft und kurfürstliche Pfalz

Das Herrschaftsgebiet der »Pfalzgrafschaft bei Rhein« und damit das Sprachgebiet des Pfälzischen war einst viel größer als die heutige Pfalz. Es umfasste Teile der heutigen Bundesländer Rheinland-Pfalz, Saarland, Baden-Württemberg, Hessen und Bayern. Ein Symbol der Pfalz ist seit kurpfälzischer Zeit bis heute der Löwe mit der dreizackigen Kurfürstenkrone. Kurpfälzische Oberämter, also Verwaltungssitze, die zeigen, welchen Umfang das Territorium hatte, waren z. B. Kaiserslautern, Neustadt an der Weinstraße, Germersheim, Alzey, Oppenheim, Simmern, Heidelberg und Mosbach sowie Amberg in der heutigen Oberpfalz als Sitz eines kurfürstlichen Statthalters. Die pfälzischen Kurfürsten gehörten zur Herrscherfamilie der Wittelsbacher, deren bayerische Blutlinie allerdings nur einfache Herzöge waren. Die Teilung der Gebiete geschah 1329 durch den Vertrag von Pavia. Beide Linien verwendeten die weiß-blauen Wittelsbacher Rauten. Dies führt zu Fehlschlüssen bei historischen Monumenten oder bei

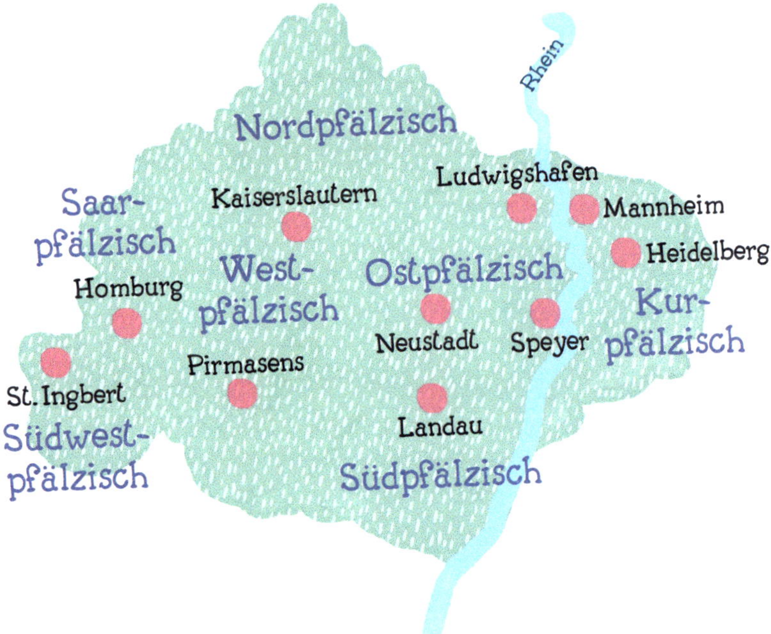

Der Sprachraum des Pfälzischen

Ortswappen in der Pfalz, an bzw. auf denen das alte kurpfälzische Wappen mit weiß-blauen Rauten und Pfälzer Löwe zu sehen ist, weil eine bayerische Herkunft angenommen wird. Die engere Verbindung zu Bayern kam über den pfälzischen Kurfürsten Karl Theodor. Der verlegte 1777 seine Residenz von Mannheim nach München und nahm zum Leidwesen der Region viele Kunstwerke mit, die dort heute in der »Alten Pinakothek« zu sehen sind. Zwar wurden die Grenzen der heutigen Pfalz 1816 von Bayern aus festgelegt, aber auf die Frage, ob Bayern ab 1816 wirklich die Pfalz regiert habe, gibt es eine einfache Antwort: Der erste König von Bayern, Maximilian I., war ein Pfälzer aus Zweibrücken, der bis zu seinem Lebensende nur Pfälzisch sprach. Wer hat also nun wen regiert?

Weitere Territorien

Mit den Kurpfälzerinnen und -pfälzern verwandt war das Herzogtum Pfalz-Zweibrücken im Südwesten, das sich im Süden bis nach Bad Bergzabern ausdehnte. Historisch nicht zur alten Pfalz gehörte die Grafschaft Leiningerland zwischen den Residenzstädten Bad Dürkheim und Grünstadt mit den Burgen Altleiningen und Neuleiningen. Bis heute heißt die Weinkönigin von Grünstadt deshalb »Weingräfin«. Dem Fürstbistum Speyer gehörten als Ländereien an der Deutschen Weinstraße beispielsweise die Orte Deidesheim, Hambach und Edesheim an. Speyer selbst war freie Reichsstadt – vom Bischof unabhängig und ab spätestens 1550 lutherisch. Seit dem 15. Jahrhundert musste daher der Speyerer Bischof jenseits des Rheins in Udenheim bei Philippsburg und im Barockschloss Bruchsal residieren. Erst 1837 konnte der katholische Bischof sein heutiges Domizil am Domplatz beziehen.

Neben kleineren Grafschaften gab es auch Besitztümer anderer Länder in der heutigen Pfalz. Der Landgrafschaft Hessen gehörte die Stadt Pirmasens; den Fürsten zu Nassau, von denen auch das niederländische Königshaus abstammt, gehörte Kirchheimbolanden. Zunächst Württemberg und dann Baden waren im Besitz von Rhodt unter Rietburg. Sogar Österreich gehörte ein Stück Pfalz, nämlich die Grafschaft und Burg Falkenstein in der Nordpfalz samt der Stadt Winnweiler. So zählte man vor der Französischen Revolution (1789) ungefähr 40 Herrschaftsgebiete in der Region. Dieses Nebeneinander hatte auch einen Einfluss auf die Sprache.

Worzle

Wurzeln des Pfälzischen

Latein

Eine der Wurzeln des Pfälzischen ist das Lateinische. Die Römer fühlten sich in der Region zwischen dem Rhein (lat. *Rhenus*), dem Neckar (lat. *Nicer*) und der Saar (lat. *Saravus*) seit etwa 12 vor Christus besonders wohl. Bei Ortsnamen wie Altrip (lat. *alta ripa* ›hohes Ufer‹), Rhein- und Bergzabern (lat. *taberna* ›Schenke‹) sowie Blieskastel (lat. *castellum* ›Burg‹) ist dies offensichtlich. Es gibt kaum eine

Lokus im römischen Weingut bei Ungstein

Ortschaft entlang der Deutschen Weinstraße ohne den Fund einer Villa rustica, also eines römischen Gutshofes. Auf diesen fand man natürlich immer auch einen *Lokus* (lat. *locus* ›Ort‹), einen stillen Ort. Solche Toilettenanlagen gibt es in den als frei begehbare Außenmuseen gestalteten Römervillen bei Wachenheim und Ungstein. Man entdeckt dabei, dass der Ort vermutlich nicht ganz so still war, da man bei der Notdurft wohl nebeneinandersaß und sich unterhielt.

Lateinische Wurzeln im Pfälzischen zeigen sich, wenn man *driwweliert* (lat. *tribulare* ›pressen, peinigen‹), *lammentiert* (lat. *lamentari* ›jammern, wehklagen‹) oder es *bressiert* (lat. *pressare* ›drücken, pressen‹). Wer mit anderen diskutiert, der *dischbidiert* (lat. *disputare* ›diskutieren, erörtern‹). *Laddwerch* heißt auf Pfälzisch das Mus aus Zwetschgen, manchmal auch aus anderen Obstsorten (spätlat. *electuarium*, mhd. la[c]twârje, ursprünglich ›breiige Medizin‹). Wenn Pfälzerinnen und Pfälzer *Mores* haben, haben sie Respekt vor etwas (lat. *mos*, Plural [Pl.] *mores* ›Sitte, Brauch‹). Auch im Weinbau gibt es viele Wörter aus dem Lateinischen wie *de Woi* (lat. *vinum* ›Wein‹) oder *de Winzer* (lat. *vinitor*), die *Bitt* (lat. *buttis* ›Fass, Bütte‹) und die *Daube* eines Fasses (hergeleitet von lat. *doga/dova* ›Fass, Gefäß‹). Tragegefäße für Trauben werden *Logel*, *Lochel* und *Lool* genannt (lat. *lagellum* ›kleines Fass‹), während der zweite häufig verwendete Ausdruck *Hott* von der alten fränkischen Form *hotta* für ›Rückenkorb‹ abstammt. Die *Kelter* (lat. *calcare* ›treten, stampfen‹) leitet sich vom Stampfen mit den Füßen ab, *kammerde* (lat. *camerare* ›wölben‹) meint das Biegen und Anbinden einer Rebe. Der Fasshersteller, *de Kiefer* (›Küfer‹), entwickelte sich aus dem lateinischen Ausdruck *cupa* (›Fass‹).

Neben dem Wein hinterließen die Römer Feigenbäume, rund 50 000 zählt man derzeit in der Pfalz. Auch Mandelbäume brachten sie mit, die dann ab 1464 auf Anordnung des pfälzischen Kurfürsten Friedrich I. im großen Stil in Weinbergen angepflanzt wurden. Bauern sollten auf diese Weise im Frühjahr *Mandle* (›Mandeln‹) und im Spätjahr *Trauwe* (›Trauben‹) ernten können. Da das Rosengewächs Mandelbaum kaum Blätter hat, raubt es den Trauben wenig Licht. Im März kann die Mandelblüte auf dem rund 100 Kilometer langen Pfälzer Mandelpfad bestaunt werden. Auch die *Keschde* (›Kastanien‹) am Rand des Pfälzerwaldes sind römischen Ursprungs. Bei *Keschdefeschde* (›Kastanienfesten‹), beispielsweise in Annweiler, werden sie gefeiert und zu allerlei verarbeitet, so etwa zu Brotaufstrich, Suppe, Likör oder zur Füllung in der Bratwurst oder im Saumagen (siehe S. 102).

Rheinfränkisch und Mittelhochdeutsch

Sprachwissenschaftlich wird das Pfälzische laut Rudolf Post als Teildialekt dem Rheinfränkischen zugeordnet. Der Sprachraum entstand, nachdem die Franken um das Jahr 500 die Alemannen in den Schlachten von Zülpich und Straßburg besiegten. Das Alemannische wurde daraufhin auf eine Linie südlich von Hagenau und Rastatt zurückgedrängt. Bekanntester rheinfränkischer Gelehrter und der erste Dichter, den wir in deutscher Sprache kennen, ist Otfrid von Weißenburg (um 790–875). Er stammte aus der Region um Dahn in der Südwestpfalz und übertrug um das Jahr 870 Bibeltexte in eine Sprache, die er selbst *frankisga zungun* (›fränkische Zunge‹ bzw. ›fränkische Sprache‹) nannte. Otfrid verwendete beispielsweise den Ausdruck *scerran* (ahd. ›kratzen‹), der sich noch im pfälzischen Wort *scherre* findet. Wie im Pfälzischen heute heißt es bei ihm noch *pad* statt *Pfad* sowie *pending* (Pfälzisch: *Penning*) statt *Pfennig* (siehe S. 37). Otfrid argumentierte rund 700 Jahre vor Martin Luther, dass Gott in jeder Zunge gepriesen werden wolle, so auch in seiner Sprache. In einem auf Latein verfassten Schreiben zur Verteidigung seiner Bibelübertragung verwendete er als einer der ersten den Ausdruck *deutsche Sprache* (lat. *lingua theodisca*). *Theodisca* kommt vom ahd. *thiota* (›Volk‹) und *thiutisc* (›zum Volk gehörig‹, später ›germanisch/deutsch‹), wovon z. B. auch das italienische *tedesco* ›deutsch‹ abgeleitet ist.

Im elften Jahrhundert entwickelten sich schließlich aus den formenreichen althochdeutschen Dialekten im mittel- und oberdeutschen Sprachraum die mittelhochdeutschen Varietäten. Ein politisches Zentrum war zu dieser Zeit Speyer, denn dort entstand der Dom als die damals größte Kirche des Abendlandes und spätere Grablege der Kaiser aus dem Herrscherhaus der Salier. Wenn ein Walther von der Vogelweide (um 1170–1230) im Mittelhochdeutschen die Wörter *ûf* und *drûf*, also ›auf‹ und ›darauf‹, verwendet, verstehen das Pfälzerinnen und Pfälzer heute noch. Ebenso finden sich mittelhochdeutsche Flurnamen im Pfälzischen, wie *Nol* oder *Nolle(n)* (mhd. *nël, nëlle* ›Spitze, Kopf‹, z. B. in *Nollenkopf*) oder *Klinge* (mhd. ›Talschlucht‹, z. B. in *Klingenmünster*). Auch die Berufsbezeichnung *Lauer* (mhd. *lôwer*) für ›Gerber‹ stammt aus dieser Zeit, weil mit Lohe, einer Baumrinde, gegerbt wurde. *Lauer* ist heute ein in der Region häufig vorkommender Nachname. »Was guggscht so scheel?« (mhd. *schël* ›schief, krumm‹) bedeutet schließlich: ›Was schaust du so komisch drein?‹

Hebräisch und Jiddisch

Mit den SchUM-Städten Speyer, Worms und Mainz (SchUM als Akronym aus den hebräischen Anfangsbuchstaben der Städte), inzwischen UNESCO-Kulturerbe, liegen die früheren Zentren jüdischer Gelehrsamkeit in der Region. Überall im pfälzischen Sprachraum gibt es Zeugen der starken Präsenz jüdischen Lebens in Form von alten Synagogen und jüdischen Friedhöfen. In der Toleranzstadt Mannheim lebten jüdische Mitbürgerinnen und Mitbürger seit der Stadtgründung im 17. Jahrhundert nie in einem Ghetto, sondern mit französischer und pfälzischer Nachbarschaft.

In der Sprache gab es seit dem Mittelalter eine enge Beziehung zwischen dem in der Region gesprochenen Mittelhochdeutsch und dem Hebräischen (hebr.) bzw. Jiddischen (jidd.). So flossen auch hebräisch-jiddische Begriffe ins Pfälzische ein, wobei die meisten dieser Wörter auch überregional verbreitet sind. Beispiele sind *Zores* (›Streit‹, jidd. *zore*, Pl. *zores* ›Unglück, Leid‹), *Kaff* (jidd. *kefar* ›Dorf‹), *Massel* (jidd. ›Schicksal, Glück‹), auch in *Masel tov* (jidd. ›viel Glück, Glückwunsch‹) oder *Schlamassel* (jidd. ›Pech, Unglück‹), *Kafrus* (›rotzfreches Kind; sonderbarer Mensch‹, jidd. *chawrusse* ›Gesellschaft, Diebesbande‹), *Dalles* (›Unwohlsein‹, jidd. *dalles* ›Armut, Elend‹) oder *Magge* (jidd. *macke* ›Schlag, Fehler‹).

Man kann zielgerichtet *Tacheles* (jidd. *tachles* ›Zweck, Ziel‹) reden oder *Schmonzenz* (jidd. *schmonzes* ›Unsinn‹) beziehungsweise *Schmu(s)* erzählen (jidd. *schmuo*, Pl. *schmuoss* ›Gerücht, Gehörtes‹). Achtung: Letzterer Ausdruck wird auch als diskriminierend empfunden. Hebräisch-jiddische Wurzeln haben auch Wörter wie *ausbaldowern* (gaunersprachlich *baldower* ›Auskundschafter‹, von hebr. *ba'al* ›Herr‹ und *davar* ›Sache‹, eigentlich ›Herr der Sache‹), *dufte* (jidd. *toff*, hebr. *tôv* ›gut‹) und *schofel* (jidd. *schophol* ›gemein, niedrig‹). Eine Theorie besagt auch, dass der Wunsch für einen guten Jahresanfang »En guude Rutsch!« vom hebräischen Wort *rosch* abgeleitet sein könnte, was ›Anfang, Kopf‹ bedeutet.

Französisch

Es liegt nicht nur an der Nähe zu Frankreich, dass die französische Sprache im Pfälzischen sehr präsent ist. Protestantische Glaubensflüchtlinge aus den katholischen Südprovinzen der Niederlande und dem heutigen Belgien (Wallonen) sowie französische Hugenotten kamen ab der Mitte des 16. Jahrhunderts in die Pfalz. Die Flüchtlinge brachten ihr Handwerk und Gewerbe mit und bewirkten einen Aufschwung, sodass Frankenthal und Otterberg die Stadtrechte erhielten. Die Glaubensflüchtlinge betrieben eigene Schulen und hielten Gottesdienste auf Französisch, wie in Lamprecht oder in Mannheim. Im Pfälzischen Erbfolgekrieg ließ der französische König Ludwig XIV. ab 1688 die Pfalz systematisch zerstören und besetzen. Die Region um Landau in der Südpfalz gehörte über 130 Jahre zu Frankreich. Zwischen 1797 und 1814 gliederte Napoleon die gesamte linksrheinische Pfalz dem französischen Staat ein. Auch nach den beiden Weltkriegen im 20. Jahrhundert blieb Frankreich lange als Besatzungsmacht.

Dass das Mit- und Nebeneinander sprachliche Folgen hatte, erkennt man an Hunderten Ausdrücken und Redewendungen, die ins Pfälzische eingegangen sind. Sie gehen vielen *aus de Lameng* (frz. *la main* ›Hand‹). Sehr häufig verwendet wird das Wort *alla* oder *allo* (frz. *allez* oder *allons* ›Geht!‹ bzw. ›Gehen wir!‹). Pfälzerinnen und Pfälzer *schenieren sich* (frz. *se gêner* ›sich genieren‹), *eschdimieren* (frz. *estimer* ›schätzen‹), *bussieren* (frz. *pousser* ›stoßen‹, gemeint ist die Berührung beim Kuss), sie sind *malaad* (frz. *malade* ›krank‹), ihnen *bressiert es* (frz. *presser* ›eilen‹) oder sie machen manches *dusmo* (frz. *doucement* ›leise, langsam‹). Im Alltag begegnet einem der *Schapo* (frz. *chapeau* ›Hut‹) auf dem *Deez* (frz. *tête* ›Kopf‹), man schimpft über das *Kores* (frz. *corps* ›Militärtruppe‹, gemeint: eine randalierende Truppe), schiebt die *(Kinner-)Schees* (frz. *chaise* eigentlich ›Stuhl‹, hier ›Wagen‹) bei Regen mit dem *Paraplü* (frz. *parapluie* ›Regenschirm‹) auf dem *Droddwaa* (frz. *trottoir* ›Bürgersteig‹) und der *Schossee* (frz. *chaussée* ›Fahrbahn‹) oder liegt mit dem *Plümmoo* (frz. *plume* eigentlich ›Feder‹, hier ›Decke‹) auf der *Schesslong* (frz. *chaise longue* ›langer Stuhl‹). Nicht mehr im Gebrauch sind das *Lawabo* oder *Lavor* (frz. *lavoire* ›Waschhaus‹, hier ›Waschschüssel‹) und der *Botschamber* (frz. *pot de chambre* ›Nachttopf‹).

Gern wird bei diesem Thema der Ausdruck *Fisimatende* (›Verzögerungen, Umstände, Sperenzchen‹) ins Spiel gebracht und mit dem Auftreten französischer Soldaten verbunden, die Damen zum Zeltbesuch aufforderten (frz. *visité ma tente* ›besuche mein Zelt‹). So logisch diese Herleitung vor dem Hintergrund der langen Besatzungszeit der Pfalz auch sein mag, ist der Ursprung des Spruches nicht sicher geklärt. Möglicherweise geht er auch zurück auf die »Visae patentes«, schwierig zu erwerbende Patente im 16. Jahrhundert, und der Ausdruck »Mach' kää Fisimatende!« bedeutete schon damals: ›Mach' es nicht zu kompliziert!‹

Palz oder Pfalz?

Dialektraum und abgrenzende Sprachlinien

Wie zuvor gezeigt, reicht der Sprachraum, in dem Pfälzisch gesprochen wird, weit über die Grenzen der heutigen Pfalz hinaus. Man schätzt, dass rund eine Million Menschen einen Dialekt sprechen, der dem Pfälzischen zugeordnet wird. Als Kernland gilt die Region zwischen dem Rhein und dem Saarland, zwischen dem Donnersberg und dem Elsass. Das Kurpfälzische rechts des Rheins umfasst Mannheim und Heidelberg, das Neckartal und Teile von Südhessen. Auch wenn die rechtsrheinische Kurpfalz seit 1803 zu Baden gehört, würde heute niemand in Mannheim oder Heidelberg sagen, dass er oder sie Badisch spricht, sondern Kurpfälzisch. Hinzu kommen die ehemals kurpfälzischen Gebiete in Rheinhessen (Raum Alzey und Oppenheim) sowie die Saarpfalz.

Das Pfälzische bildet die Mitte des rheinfränkischen Sprachgebietes, das sich von Oppenheim im Norden bis Hagenau im Süden erstreckt. Vom Pfälzischen unterschieden wird das Rheinhessische als Nordrheinfränkisch sowie das Südrheinfränkische, das ab Kandel im Südwesten der Pfalz sowie im Norden des Elsass bis Hagenau und in Teilen Lothringens gesprochen wird. Dem Rheinfränkischen angrenzende Sprachformen sind grob das Moselfränkische im Nordwesten und Hessische im Nordosten sowie das Alemannische südlich der Linie Rastatt und Hagenau (Elsass). Eingrenzen kann man das Pfälzische auch durch Sprach- und Lautlinien, die erstmals 1888 im »Sprachatlas des deutschen Reichs« von Georg Wenker vermerkt und durch

Sprachlininen, die den Sprachraum des Pfälzischen eingrenzen

Kartenmaterial in Rudolf Posts »Pfälzisch – Sprachkultur in der Pfalz und der Kurpfalz« weitergeführt wurden. Einige dieser Sprachlinien bildeten sich im Zusammenhang mit der zweiten Lautverschiebung heraus, durch die sich ab dem 6. Jahrhundert die hochdeutschen (hier in der Bedeutung mittel- und oberdeutsch) von den übrigen germanischen Varietäten (z. B. Niederdeutsch) trennten.

In Abgrenzung zum Moselfränkischen verläuft die Sankt-Goarer-Linie bzw. Hunsrück-Schranke (*dat*-*das*-Linie). Nördlich der Pfalz sagt man *dat* und *wat*, woran noch die Verwandtschaft mit dem Englischen *that* und *what* ersichtlich wird. Im Pfälzischen fand hingegen die Lautverschiebung hin zu *das* und *was* statt. Mit dem Hessischen liegt das Pfälzische unterhalb der Benrather Linie (*maken*-*machen*-Linie) und der Uerdinger Linie (*ik*-*ich*-Linie). So unterscheidet man *ich* oder *isch* von dem nördlich gesprochenen *ik*. Rheinfränkisch und Hessisch grenzen sich durch die *fest*-*fescht*-Linie voneinander ab (siehe S. 58). Im Südwesten der Pfalz verläuft schließlich die *Hus*-*Haus*- bzw. *Is*-*Eis*-Linie in Abgrenzung zum Lothringischen, dem im Elsass gesprochenen Südrheinfränkischen und dem Alemannischen, die mit *Hus* und *Is* bei einer älteren Sprachform blieben.

Zwei *p*-*pf*-Linien verlaufen am Südosten des pfälzischen Sprachraums entlang und werden Speyerer Linie (*Appel*-*Apfel*-Linie) bzw. Germersheim-Kassel-Linie (*Pund*-*Pfund*-Linie) genannt. Durch die Linien erfolgt die Abgrenzung zum Alemannischen, wobei Sprachunterschiede bereits im südpfälzischen Kandel spürbar sind. Hier bleibt das Pfälzische mit dem *p* bei einer älteren Sprechweise, während sich andere Sprachformen zu einem *pf* weiterentwickelten. Die ältere Form ist auch in einem regional sehr bekannten Lied von Kurt Dehn verewigt: »In de Palz geht de Parre mit de Peif in die Kerch, in de Palz, do singt jedes junge Mädche wie ä Lärch.« (›In der Pfalz geht der Pfarrer mit der Pfeife in die Kirche, in der Pfalz singt jedes junge Mädchen wie eine Lerche.‹)

Habb, häbb, hann, hunn

Ost-, West-, Süd- und Nordpfälzisch

Auch innerhalb des Pfälzischen gibt es sprachliche Grenzen, trotz gemeinsam empfundener Identität. Man kann grob Ost-, West-, Süd- und Nordpfälzisch sowie das rechtsrheinische Kurpfälzisch als Teil des Ostpfälzischen, das Saarpfälzische als Teil des Westpfälzischen sowie das Südwestpfälzische unterscheiden. Im allgemeinen Sprachgebrauch wird für Ost- die Bezeichnung Vorderpfälzisch, für West- der Ausdruck Hinterpfälzisch verwendet.

Mit dem häufig gebrauchten Verb *haben* lassen sich gut Unterschiede zwischen den pfälzischen Sprachräumen demonstrieren. Der Infinitiv ist ostpfälzisch *hawwe*, westpfälzisch *hann*, nordpfälzisch *hunn* und in Teilen der Südpfalz *hau*. *Ich habb* sagt man im Ost- und Kurpfälzischen, das vor allem in den Achsen Neustadt an der Weinstraße, Heidelberg bis Mosbach sowie von Frankenthal im Norden bis Germersheim im Süden, aber auch in Südhessen von Viernheim bis Heppenheim gesprochen wird. Auch im Südwestpfälzischen rund um Pirmasens und Zweibrücken heißt

Haben in pfälzischen Varianten

es *ich habb*. Im Westpfälzischen rund um Kaiserslautern bis in die Saarpfalz sagt man *ich hann*. Im Nordpfälzischen heißt es mancherorts *ich hunn*. Die Nordpfalzkante im Zellertal bei Kirchheimbolanden grenzt an Rheinhessen und hat den Donnersberg im Blick. Weiter im Norden bei Idar-Oberstein gibt es mit *ich honn* eine interessante weitere Variante knapp außerhalb des pfälzischen Sprachraums.

Südpfälzisch spricht man südlich von Landau und Germersheim, wo es heißt *ich häbb*. Auch viele andere Wörter werden mit *ää* statt *au* ausgedrückt: die *Frau* ist die *Fräă*, der *Baum* ist *de Bääm* und das *Gäu*, das Ackerland zwischen Deutscher Weinstraße und Rhein, wird *Gää* genannt (siehe S. 54). Auch beim Wort *daheim* wird der Unterschied ersichtlich: Im Osten der Pfalz bin ich *dehääm*, im Westen *dehaam*. Auf den Unterschied zwischen Ost- und Südpfälzisch weist der Mundartdichter Helmut Metzger in seinem Gedicht »Die Siedpälzer« im Band »Ur-Pälzisch« von 1982 hin: »E hochdeitsch *au* werd ganz genaa, in unsrer Vorderpalz zum *aa*. Doch in de Siedpalz, do werd jäh, des hochdeitsch *au* zum pälzisch *ää*«. Das südpfälzische *ää* kommt besonders gut in folgendem Satz zur Geltung: »Ä Fräă kräwwelt im Gää uff än Bääm un räächt.« (›Eine Frau klettert im Gäu auf einen Baum und raucht.‹)

Die Konjugation des Verbs *haben* lautet in der 2. Person im Osten *du hoscht*, im Westen ohne *t du hosch* sowie in der Südpfalz *du hasch*. Die 3. Person heißt meist *der/die/des hot*. In der 1. Person Plural sagt man im Osten und Süden *mer henn*, rund um Mannheim *mer hawwe(n)*, im Westen *mer hann* und im Norden *mer hunn*. Die 2. und 3. Person Plural lauten in der Ostpfalz *ehr/die henn*, in der Westpfalz *ehr/die hann* und in der Nordpfalz *ehr/die hunn*.

Hier ist jedoch auch eine Anpassung an die Standardsprache spürbar, denn dort sagt man auch *ehr habbt* und *die habbe*. Im Perfekt heißt es in der Ostpfalz *ich hab ghabt* oder *ghadde*, in der West- und Nordpfalz *ghatt* und im Südwesten *ghaad*.

Eine weitere Trennlinie zwischen den einzelnen Sprachräumen des Pfälzischen zeigt sich am Wort *gewesen*. Man erkennt Längsachsenlinien, die den Sprachraum des Pfälzischen durchziehen. In der Ost- und Südpfalz sagt man *gewese*, in der mittleren Westpfalz *gewest* und in der Saarpfalz *gewee(n)*. Eine Querachse ergibt sich beim Ausdruck *das ist*, der Süd- und Südwestpfalz vom Ost-, West- und Nordpfälzischen trennt. Nördlich von Landau sagt man *des is*. Südlich der Querlinie heißt es *des isch*.

Wer singt dann do?

Ausspracheunterschiede

Jeder Ort und jede Region im pfälzischen Sprachraum hat sprachliche Eigenheiten. Ein Unterschied zeigt sich beispielsweise in der Vokallänge. Ein *Tuch* kann in der Süd- und Südwestpfalz mit einem langen *uu* als *Duuch*, in der Ost- und Nordpfalz als *Duch* mit einem kurzen *u* ausgedrückt werden. Fast nur noch ältere Pfälzerinnen und Pfälzer sprechen in manchen Dialektregionen ein auffallend rollendes *r* statt einem *d* oder *t*, wie in der Frage: »Gebts guures Werrer orer gebts Gewerrer?« (›Gibt es gutes

Wetter oder gibt es ein Gewitter?‹) In der Mundartliteratur hat wie kein anderer Gerd Runck aus *Gorramstää* (Landau-Godramstein) die nach dem griechischen Buchstaben Rho »Rhotazismus« genannten Formen geprägt. Während man *Wetter* in der Pfalz meist mit *Wedder* wiedergibt, wird in Teilen der Süd- und der Westpfalz auf das *Werrer* geschaut. Ähnlich verhält es sich mit dem Wort *Boden*, das statt als *Bodde* oder *Boode* in der Süd- und Westpfalz mit dem Rhotazismus *Borrem* wiedergegeben wird. Das Wort *Bruder* entspricht in der Ostpfalz der hochdeutschen Aussprache, während es im Süden und Westen auch *Brurer* heißen kann. Eine seltene Sonderform ist *Bruler* statt *Bruder* oder *Weller* statt *Wetter*. Sie ist im Glantal im Westen sowie am Neckar in der Kurpfalz nachgewiesen und zeigt einen Wandel von *d* oder *t* zu einem *l* an, weshalb man diese Variante nach dem griechischen Buchstaben Lambda »Lambdazismus« nennt. Sowohl Rhotazismen als auch Lambdazismen klingen ungewohnt und werden von Jüngeren kaum noch gesprochen.

Nasalieren, singen oder schreien

Auffällig ist das pfälzische Nasalieren einiger Wörter, also die betont durch die Nase klingende Aussprache. Der Wein, also *de Woi* (Ostpfalz) bzw. *de Wai* (Süd- und Südwestpfalz), das *Bää(n)* bzw. *Baa* (›Bein‹) oder die Verben *geeh* und *duu* bzw. *duun* (›gehen‹ und ›tun‹) werden stärker als im Hochdeutschen durch die Nase gesprochen. Eine Herausforderung sind Aussprachen wie *Zääh* oder *Zeeh* für die *Zehe* oder die Zahl *Zehn*, deren Bedeutung nur aus dem Zusammenhang erschlossen werden kann, da die Aussprache fast die gleiche ist.

Ein weiteres Phänomen im Pfälzischen ist das »Singen«. Sprachuntersuchungen mit Tonaufnahmen haben nach Rudolf Post ergeben, dass besonders in der Ostpfalz die Aussprache zwischen Tönen hin- und hergeht und manche Wörter wie in Wellen gesprochen werden. So kann das Wort *Ja*, wenn es kategorisch eindringlich betont wird, als ein *Ha-jo-o-o* in vier Wellen mit unterschiedlicher Tonhöhe ausgedrückt werden, wobei in der Ostpfalz Töne häufig steigend ausklingen. Dies gilt besonders bei Fragen.

Wie sehr es auf die Aussprache ankommt, kann man an der Interjektion *oh* oder der Partikel *jo* erkennen. Leicht nach oben geht die Tonhöhe bei einem grüßenden »Oh!« oder »Jo!« im Sinne von ›Hallo!‹, aber auch beim zweifelnden »Oh?« oder »Jo?« (›Ob das wohl stimmt?‹). Ein bejahendes »Oh!« im Sinne von ›So ist es!‹ wird leicht nach unten gesenkt, wie auch das bewundernde »Oh!« für ›Alle Achtung!‹. Schließlich gibt es ein kurzes, kategorisches »Oh!«, das ›Blödsinn!‹ bedeutet.

Eine letzte Beobachtung zur Aussprache stammt aus Adolph Freiherr von Knigges 1792 verfassten Bericht »Fußreise in der Pfalz zur Zeit der Weinlese«. Darin attestiert er, dass Pfälzerinnen und Pfälzer in ihrer Mundart »schreien« würden. Die Begründung erschließe sich aus der von ihm beschrieben Lebensart, die er als zwanglos und daher als grundsätzlich glücklich einschätzt. Das teils als laut empfundene Artikulieren der Pfälzerinnen und Pfälzer sei daher zweifelsfrei Ausdruck ihres Glücks, das sie empfinden, in einer solch schönen Region wie der Pfalz leben zu dürfen. Kein Wunder also, dass Pfälzer und Pfälzerinnen sich selbst auch als *Krischer* (›Schreihälse‹) bezeichnen (siehe S. 19).

Iwwerallhie

Pfälzische Sprachinseln weltweit

Das Pfälzische ist eine Sprache, die nicht nur in der heutigen Pfalz und den rechtsrheinischen Gebieten der alten Kurpfalz gesprochen wird. Auswanderungswellen ab dem 17. Jahrhundert waren die Folge von religiöser Verfolgung, von Kriegen und Not. Diese trieben viele Pfälzerinnen und Pfälzer *iwwerallhie* (›überallhin‹). Eine Folge ist, dass es heute viele Sprachinseln des Pfälzischen in der Welt gibt.

Auswanderungsgründe

Die erste dokumentierte Auswanderung begann nach zwei Vernichtungskriegen, dem Dreißigjährigen Krieg (1618–1648) und dem Pfälzischen Erbfolgekrieg (1688–1697). Mit Kurfürst Johann Wilhelm kam ab 1690 eine katholische Linie der Wittelsbacher an die Macht. Der protestantischen Bevölkerung bürdete man höhere Steuern auf und schlug 1705 einen Teil ihres Kirchenbesitzes der katholischen Kirche zu. Diese Gegenreformation führte ab 1708 zur massenhaften Auswanderung protestantischer Pfälzerinnen und Pfälzer. Viele wurden durch einen angeblich königlichen Brief aus England gelockt, Richtung Westen zu ziehen. Mindestens 10 000 Flüchtlinge strandeten im Winter 1708/1709 in Flüchtlingslagern rund um London. Dramatisch beschrieb Daniel Defoe in seinem Buch »Kurze Geschichte der pfälzischen Flüchtlinge« deren Leben. Rund 3000 von ihnen siedelte die englische Regierung als protestantischen Stachel in Irland an, wovon das irische

Volkslied »The Palatine's Daughter« (›Des Pfälzers Tochter‹) erzählt. Sprachlich gibt es dort jedoch heute keine Spuren des Pfälzischen mehr. Weitere Gründe für große Auswanderungswellen waren, neben wirtschaftlicher Not, auch politische Gegebenheiten, besonders das »Hambacher Fest« von 1832 und die gescheiterte Revolution von 1848/1849. Man erhoffte sich anderswo ein freieres Leben sowie demokratische Strukturen.

Pennsylvaniadeutsch

Die am meisten beachtete Sprachinsel des Pfälzischen heute liegt in Pennsylvania rund um die Stadt Germantown bei Philadelphia, welche einst *Deitschesteddel* (›deutsches Städtchen‹) hieß. Glaubensflüchtlinge aus der Pfalz landeten dort im 18. Jahrhundert, gemeinsam mit Migrantinnen und Migranten aus anderen Regionen des deutschen Sprachraums. Das Auswandererpfälzisch, das sich in Pennsylvania etabliert hatte, wurde als Pennsylvaniadeutsch (mit unterschiedlicher Schreibweise, z. B. als Pennsylvanisch oder Pennsilfaanisch Deitsch, auf Englisch »Pennsylvania Dutch«) zu einer Kompromisssprache. Selbst Nachfahren von norddeutschen Auswanderern und Auswanderinnen können daher heute sagen: »Mir schwetze noch die Muddersprooch.« Rund 400 000 Nordamerikanerinnen und -amerikaner, auch in Ohio und Kanada, sprechen diese Sprache. Dazu gehören die Amischen, die viele moderne Errungenschaften ablehnen und mit Kutschen umherfahren.

Die pennsylvaniadeutsche Gemeinschaft pflegt ihre Sprache in sogenannten »Heritage-Centers«(›Kulturzentren‹), in Deutschland existiert ein deutsch-pennsylvanischer

Arbeitskreis als Verein. Es gibt in den USA pennsylvanisch-deutsche Schulbücher und seit 2013 eine vollständige Bibelübersetzung. Seit 1997 erscheint zweimal im Jahr die von dem Pfälzer Michael Werner herausgegebene Zeitschrift »Hiwwe wie Driwwe« (›Hüben wie drüben‹), neben der er auch ein gleichamiges Buch herausgegeben hat. »Hiwwe wie Driwwe« heißt ebenso eine Kinofilmreihe von Filmemacher Benjamin Wagener (siehe S. 120). Sogar eine eigene pennsylvanisch-deutsche Wikipedia gibt es, genannt »S frei Uffguckbichli« (›Das freie Hinaufschaubüchlein‹). Die Endung *i* zeigt hier einen Einfluss des Schweizerdeutschen, da nach dem Dreißigjährigen Krieg viele Schweizer und Schweizerinnen in der Pfalz angesiedelt wurden, die dann weiterwanderten. Im heutigen Pfälzisch ist davon kaum mehr etwas erkennbar.

Für die Sprachforschung ist das Pennsylvaniadeutsch wichtig, weil darin ein Pfälzisch von vor 300 Jahren konserviert wurde; ebenso sind alte Traditionen aus der Pfalz noch heute in Pennsylvania erkennbar. Der Einfluss des Französischen auf die Sprache ist hingegen kaum vorhanden. So fehlt einer der wichtigsten Ausdrücke des pfälzischen Sprachuniversums heute, da er erst später aus dem Französischen ins Pfälzische gelangte: das Wort *alla* (siehe S. 11/12, 34 u. 123). Umgangssprachliche Ausdrücke werden so geschrieben, wie sie auch im Pfälzischen gesprochen werden. Es gibt *Mannskarl un Weibsleit* (›Männer und Frauen), *Buwe un Maed* (›Buben und Mädchen‹) sowie *Geil un Kieh* (›Pferde und Kühe‹). Beliebt ist das Wort *Schickelfritz* für einen liebenswerten Schlingel. Gegessen werden die *Brotwascht* (›Bratwurst‹), *de Seimaage* (›Saumagen‹), *Grumbiere* (›Kartoffeln‹), *Gehlriewe* (›Karotten‹)

und *Latwarick* (›Obstmus‹). Selbst das Fabelwesen Elwetritsch, dort *Elbedritsch* genannt, ist bekannt (siehe S. 111).

Das Pennsylvaniadeutsche entwickelte sich weiter und übernahm auch aus dem Englischen Wörter. Vater und Mutter heißen *Mammi un Daadi. Aahalde* bedeutet nicht ›stoppen‹, sondern orientiert sich an *to hold on* und hat daher die Bedeutung ›weitermachen‹. Ausdrücke, die man vorher nicht kannte, wurden ergänzt. *County* als Bezeichnung für einen Regierungsbezirk nennt man *Kaundi.* Neuen Erfindungen verpasste man zudem einfach kreative Namen, wie Michael Werner eindrücklich in »Hiwwe wie Driwwe« beschreibt. Beispielsweise wird der Fernseher die *Guckbax* (von englisch *box*) genannt und der Computer als *word processor* ist der *Waddefresser* (›Wörterfresser‹), denn ein Computer »frisst« bei der Eingabe augenscheinlich Wörter und verarbeitet sie weiter.

Weitere Sprachinseln des Pfälzischen

Auf dem Weg nach Amerika strandeten pfälzische Auswanderer 1741 aus Geldmangel am Niederrhein, woran die Orte Pfalzdorf und Louisendorf erinnern. Um 1750 wurden Kurpfälzer in Braunschweig sowie in Brandenburg und Pommern angeworben, wo sich noch eine westpfälzische Sprachinsel bei Ueckermünde hält. Große Siedlungsgebiete und pfälzische Sprachinseln lagen bis zum Ende des Zweiten Weltkriegs und der Vertreibung der deutschstämmigen Bevölkerung im Osten Europas, beispielsweise in Ungarn und Rumänien. Ebenso erging es der deutschsprachigen Minderheit in der Batschka (heute Serbien), die zwar Pfälzisch sprach, sich aber bis heute Donauschwaben nennt,

Pfälzische Sprachinseln in der Welt

sowie im Banat (heute Grenzland Serbien-Rumänien) und in der Bukowina (heute Rumänien). Diese Gebiete im ehemaligen Kaiserreich Österreich erinnern an eine Anwerbung von Siedlern und Siedlerinnen durch Kaiserin Maria Theresia im 18. Jahrhundert. Ebenso war das ehemalige Galizien rund um die Stadt Lemberg in der Ukraine zwischen 1772 und 1918 österreichisch, und auch dort wurde in über hundert Ortschaften Pfälzisch gesprochen.

Das zaristische Russland warb ebenfalls im 18. Jahrhundert Siedlerinnen und Siedler an, so nach Livland (Baltikum) und rund um Sankt Petersburg. Viele zog es nach Bessarabien nahe dem Schwarzen Meer (heute Ukraine). Bei Odessa gab es Orte mit den Namen *Speier*, *Landau* und *Kandel*. Eine große pfälzische Sprachinsel existierte an der Wolga. Die Wolgadeutschen wurden im Zweiten Weltkrieg 1941 jenseits des Urals deportiert und landeten meist in Sibirien oder Kasachstan. Von dort wanderten sie seit den 1990er-Jahren nach Deutschland aus.

Bereits im 19. Jahrhundert gab es eine große Auswanderungswelle der Wolgadeutschen nach Südamerika. Sie wurden angeworben, um in Argentinien, Paraguay und Südbrasilien den Urwald zu roden und Landwirtschaft zu betreiben. Ab 1822 wurde in Südwestdeutschland (Pfalz, Mosel, Hunsrück, Hessen) systematisch nach Einwanderern und Einwanderinnen für die südbrasilianische Provinz Rio Grande do Sul gesucht. Dort lebt noch eine Sprache, die »Riograndenser Hunsrückisch« genannt wird. Sie wird aktiv von bis zu drei Millionen Menschen gesprochen und gilt seit 2008 als UNESCO-Weltkulturerbe. Die Sprache basiert auf dem Rhein- und Moselfränkischen und enthält viele Ausdrücke und Redewendungen, die aus der Pfalz stammen.

Babbelgrund-laach!

Grammatikalisches

Eibassemoluff

Wortverschmelzungen

Eibassemoluff (›Ei, pass mal auf‹) steht am Anfang vieler Erklärungen. Hier fällt eine Besonderheit des Pfälzischen auf, nämlich das Verschmelzen (sprachwissenschaftlich auch Kontraktion genannt) von Wörtern beim flüssigen Sprechen und Schreiben. Bereits in der Einleitung wurde auf Wendungen wie *kummgehfort* (siehe S. 9/10) und *weeschtwieichmään* (siehe S. 14) hingewiesen, später wird auf den Ausdruck *kommerlosse* (siehe S. 79/80) eingegangen. Weitere viel verwendete Beispiele sind *kummolher* oder *kummelher* (›komm mal her‹), *guggemoldoo* (›schau mal da‹), *wannichderssaach* oder *wannichderssaa* (›wenn ich es dir doch sage‹) oder *kenndemers* (›könnten wir mal das‹). Ein kategorisches »Hau ab!« heißt im Pfälzischen »Machdschab!« (›Mach dich ab!‹, ›Geh weg!‹). Ein *Seldefreelich* ist ein Griesgram (›ein selten fröhlicher Mensch‹). Eltern und Lehrkräfte hören nicht selten nach einer Tat das mit großen Augen der Kinder oder Jugendlichen vorgetragene Wort »Schwarsnet!« (›Ich war es nicht!‹).

Die Verschmelzung kann, wie die Beispiele oben zeigen, viele sprachliche Einheiten betreffen. So können beispielsweise oft zwei Pronomina verschmelzen wie in *ichder* (›ich dir‹). Auch Fragewörter, Konjunktionen und Präpositionen werden mit Pronomina verbunden, beispielsweise in *wiem* (Fragewort *wie* und Pronomen *dem*), *dassde* (Konjunktion *dass* und Pronomen *der*) und *mim* (Präposition *mit* und Pronomen *ihm*). Teilweise werden bei Verschmelzungen aber nicht nur Vokale oder Konsonanten weggelassen, sondern stattdessen andere hinzugefügt. Es erfolgt auf diese Weise ein Lautwandel, wie z. B. bei *hammer* bzw. *hemmer, kammer* bzw. *kommer* (die Verben *haben* und *können* und das Pronomen *wir*), *bleiwich* (das Verb *bleiben* und das Pronomen *ich*) oder *wammer* (die Konjugation *wenn* und das Pronomen *wir*).

Wortverschmelzung

De Summer is kumme

Lautwandel

Auffällig sind die zahlreichen lautlichen Unterschiede zum Hochdeutschen. Hier haben sich teilweise Formen des Mittelhochdeutschen erhalten, als im 16. Jahrhundert ein Lautwandel zur heutigen Standardsprache, dem Neuhochdeutschen, stattfand, so beispielsweise in *uff* (mhd. *ûf*) statt *auf*, wo der Wandel von langem *u* zu *au* (Diphthongierung) ausblieb. Das Wort *Sonne* hieß im Mittelhochdeutschen *sunne*. Das pfälzische Wort *Sunn* hat also den Lautwandel von *u* zu *o* (Vokalsenkung) nicht mitgemacht. Eine Ausnahme ist hierbei die Westpfalz: Während die meisten Pfälzer und Pfälzerinnen *de Summer is kumme* (›der Sommer ist gekommen‹) sagen, heißt es in Teilen der Westpfalz, dem hochdeutschen Vokal entsprechend, *de Sommer is gekomm*.

In manchen Fällen hat im Pfälzischen hingegen ein Lautwandel stattgefunden, der in anderen deutschen Sprachformen ausgeblieben ist. Vor einem *r* ist ein altes Phänomen des Lautwandels zu beobachten, wieder eine Vokalsenkung, die Wandlung von *u* zu *o* und *i* zu *e*. Daher hat man in der Pfalz *Dorscht* (statt ›Durst‹) und statt einer *Kirche* steht in der Pfalz die *Kerch* oder *Kärch* im Dorf. Auch hat im Pfälzischen eine sogenannte Entrundung der mittelhochdeutschen Vokale *ö* und *ü* und des Diphthongs *eu*, die mit einem gerundeten Mund gesprochen werden, zu *e*, *i* und *ei/ai* stattgefunden. Deshalb heißt es im Pfälzischen *kennen* (statt *können*), *Keenich* (statt *König*), *Rieb* (statt *Rübe*), *Mais* (statt *Mäuse*) oder *Kreiz* (statt *Kreuz*).

Ein weiterer Lautwandel führte zu einer sogenannten Verdumpfung, bei der ein langes, offenes *a* zu einem dumpfen *o* wurde, beispielsweise in *Hoor* (›Haar‹) oder in *schloofe* (›schlafen‹).

Auffällig ist auch, dass im Pfälzischen manchmal Monophthonge (einfache Vokale) erklingen, wo im Hochdeutschen Diphthonge (Doppellaute aus zwei Vokalen) zu hören sind. Statt eines hochdeutschen *au* oder *ai/ei*, wo im Mittelhochdeutschen *ou* bzw. *ei* stand, hört man im Pfälzischen einen einfachen Vokal. Der Baum ist daher *de Baam* (Ostpfalz), *de Boom* (Nordpfalz) oder *de Bääm* (Südpfalz), die Frau ist die *Fraa* (Ost-, West-, Nordpfalz) oder *Frää* (Südpfalz) und die Augen sind in der Ostpfalz *Aache*, südpfälzisch *Ääche* und in der Nordpfalz *Aa* (in der Westpfalz hingegen *Aue*). Die Ziege heißt rund um Zweibrücken wie im Hochdeutschen *Geiß*, während sie zumeist in der West-, Ost- und Südpfalz mit langem Vokal *Gääß* und in der Region Mannheim-Heidelberg *Geeß* heißt; in der Nordpfalz gibt es die Variante *Gaaß*. Wörter, die im Hochdeutschen mit *ei* stehen *(Wein)*, im Mittelhochdeutschen aber ein langes *i* hatten *(wîn)*, finden sich im Pfälzischen mit *ai* oder *oi* (*Wai* und *Woi*).

Eher Ausnahmen sind es, wenn längere Vokale wie das *o* in *rot*, *Bohne* oder *Tod* in manchen Orten der Ost- und Südpfalz als Diphthonge erscheinen: *rout*, *Boune* oder *Doud*. Dialektsprechende, die diese Laute von sich geben, werden von anderen gerne mit dem Ausdruck *Koule houle* (›Kohlen holen‹) geneckt.

Eine lautliche Veränderung findet auch statt bei einem *g* zwischen zwei Vokalen, das teilweise in ein *ch* verändert wird oder ganz wegfällt, beispielsweise bei *Morche*

(›Morgen‹), *krieche* (›kriegen‹), *Reeche* (›Regen‹) oder *Vochel* bzw. *Vool* (›Vogel‹). Allerdings ist dies nicht durchgängig, denn es gibt auch die Variante *Voggel*. In der Westpfalz kann das *g* auch in ein *j* umgewandelt werden, wie in *Morje* (›Morgen‹) oder *Reje* (›Regen‹). Ein *b* wird zwischen Vokalen in ein *w* verwandelt, wie in *awwer* (›aber‹), *hewwe* (›heben‹), *hawwe* (›haben‹), *lewwe* (›leben‹) oder *sterwe* (›sterben‹).

	Neuhochdeutsch	**Pfälzisch**
Senkung ausgeblieben	*Sonne*	*Sunn* (mhd. *sunne*)
Diphthongierung ausgeblieben	*auf*	*uff* (mhd. *ûf*)
Senkung	*Durst*	*Dorscht*
	Kirche	*Kerch, Kärch*
Entrundung	*können*	*kennen*
	König	*Keenig, Keenich*
	Rübe	*Rieb*
	Brüder	*Brieder*
	Kreuz	*Kreiz*
	Mäuse	*Mais*
Verdumpfung	*schlafen*	*schloofe*
	Haar	*Hoor*
	Frage	*Frooch*
Monophthongierung	*Baum*	*Baam, Boom, Bääm*
	Frau	*Fraa, Fräa*
	Augen	*Aache, Ääche, Aa*
	Geiß	*Gääß, Geeß, Gaaß*
	klein	*klää, klee*
	teilen	*däälen, deelen*
Abweichende Diphthonge	*Wein*	*Wai, Woi*
Seltene Diphthongierung	*rot*	*rout*
	Bohne	*Boune*
	Tod	*Doud*

Weechmacher

Weichere Sprechweise

Eine Besonderheit des Pfälzischen ist es, dass Pfälzerinnen und Pfälzer viele Wörter weicher aussprechen als dies in der Standardsprache üblich ist. Aus der Region stammende Menschen erkennt man leicht an der weichen (stimmhaften) Aussprache von Konsonanten (auch Schwächung genannt), bei der man selbst professionelle Schauspieler wie Uwe Ochsenknecht ertappt. Dies trifft besonders dort zu, wo im Hochdeutschen sogenannte Plosivlaute stehen, also Laute, bei denen die entweichende Luft hart nach außen gedrückt wird, vornehmlich die Laute *t*, *p* und *k*. Stattdessen wird meist *d*, *b* und *g* gesprochen, was sich oft auch in der Schreibung niederschlägt, die die Besonderheiten der Aussprache abbildet, wie z. B. in *Abbel* (›Apfel‹).

Statt die Wörter hart (stimmlos) mit *t* auszusprechen, lernen Kinder schon, ihre Mutter und ihren Vater viel weicher *Mudder* und *Vadder* mit *d* zu rufen. Man sitzt am *Disch* statt am *Tisch* und hat sanfte *Drääm* statt harte *Träume*. Dass statt dem *t* ein weicheres *d* auftritt, liegt teilweise auch daran, dass das Pfälzische einen Lautwandel einst nicht mitmachte: Bei der zweiten Lautverschiebung, aus der die althochdeutschen Dialekte hervorgingen, wandelten sich im oberdeutschen Sprachraum *d*-Laute zu *t*-Lauten, wodurch eine Trennung von anderen germanischen Sprachen stattfand. Alte Wörter, wie zum Beispiel das *Door* (›Tor‹), blieben laut Rudolf Post im Pfälzischen beim *d* und machten den Wechsel zum *t* nicht mit. Daher entspricht das pfälzische *Door* dem englischen *door*. Neuere

Weichere Sprechweise mit *d* statt *t*

Wörter, z. B. der *Tee*, werden in der Regel nicht mit einem *d* wiedergegeben.

Auch bei der weichen Aussprache von *p* gibt es Ausnahmen: Während dem *Papa* ein *Baba*, einem *Klumpen* der *Klumbe* oder einem *Pinsel* der weichere *Bensel* entspricht, bleibt es bei der harten *Pann* (›Pfanne‹) und die *Pfalz* wird nicht mit *b*, sondern mit dem harten Anfangslaut *p* gesprochen. Auch der Buchstabe *k* wird am Wortanfang geschrieben und gesprochen, wie in *Kopp* oder *Keenich*. Zwischen Vokalen wird das *k* aber durch ein doppeltes *g* ersetzt, wie in *drigge* (›drücken‹) oder *drogge* (›trocken‹).

Eine Besonderheit des Pfälzischen ist es schließlich, dass in den Buchstabenkombinationen *st*, *sk* und *sp* innerhalb eines Wortes das *s* als *sch* wiedergegeben wird. Deutlich wird dies im Unterschied zum Hessischen durch die Linie *fest-fescht* (siehe S. 37) auf der Höhe von Mainz bis Darmstadt. So heißt es im Pfälzischen *du bischt* (›bist‹) oder *du hoscht* (›hast‹), man hat *Dorscht* (›Durst‹) und isst gern *Worscht* (›Wurst‹) auf dem *Fescht* (›Fest‹). Aber hier gibt es eine Ausnahme, denn der Pfälzer oder die Pfälzerin *kischt* nicht, sondern man *kisst* (›küsst‹), und das ungewohnt stimmhaft. Auch bei *sk* wird das *s* zum *sch* umgewandelt, so in *Muschkle* (›Muskeln‹). Ein *sp* wird in der Regel mit *schb* wiedergegeben, etwa in *Weschb* (›Wespe‹). An Wortanfängen bleibt die hochdeutsche Schreibung mit *s* aber erhalten, wie in *Speyer* und *Stegge* (›Stecken‹).

Korz odder lang?

Wortkürzungen und Erweiterungen

Im pfälzischen Sprachraum werden Wörter häufig kürzer als im Hochdeutschen gesprochen. Besonders am Wortende wird gekürzt (die *Blum* statt die *Blume*), wobei oft das Plural-*e* wegfällt, so in die *Bääm* (›die Bäume‹) oder die *Disch* (›die Tische‹). Wo beim Plural die Endung *-en* steht, ist meist nur ein *e* zu hören. Beispiele sind hier die *Wiss* (›Wiese‹) und die *Wisse* (›Wiesen‹), die *Strooß* (›Straße‹) und die *Strooße* (›Straßen‹) sowie die *Migg* (›Mücke‹) und die *Migge* (›Mücken‹). Bei manchen Wörtern wird das *e* aber auch im Singular wiedergegeben, so in *de Kuche* und die *Kuche* (›der/die Kuchen‹). Verkürzt werden auch Verben, die auf *-en* enden, indem einfach das *n* wegfällt, wie in *hupse* (›hüpfen‹) und *redde* (›reden‹).

Eine Kürzung ist auch im Satzbau zu beobachten, der im Pfälzischen nicht unbedingt vollständig sein muss. So kann man ohne Verb sagen *ich bin naus* bzw. *ich bin hääm* (›ich bin hinausgegangen‹ bzw. ›ich bin heimgegangen‹). Dass im Unterschied zum Hochdeutschen in Wörtern mit *pf* das *f* im Pfälzischen nicht erscheint, beispielsweise in *Pfalz* als *Palz* beziehungsweise *Pfad* als *Pad*, ist keine Wortkürzung im klassischen Sinne. Dahinter steckt eine ältere Sprachform (siehe S. 37).

Erweiterungen durch sogenannte Sprossvokale gibt es regional in Wörtern wie *arrich* (›arg‹), *gerre* (›gern‹), *Marrigt* (›Markt‹), *Millich* (›Milch‹) oder *Fawwerik* (›Fabrik‹). Nur scheinbar ergänzt wird ein Vokal bei »Geh eweg!« (›Geh weg!‹). Dieser Ausdruck kommt von dem

P statt *pf* im Pfälzischen: eine alte Sprachform

mittelhochdeutschen Wort *enwëc* (›hinweg, fort‹) und im Pfälzischen wurde der Vokal *e* einfach beibehalten. Auch eine Erweiterung durch Konsonanten ist in Dialektvarianten bekannt, beispielsweise wenn am Wortende ein *t* ergänzt wird in Wörtern wie *bsunnerscht* (›besonders‹), *anderscht* (›anders‹), *selwert* (›selber‹), *noot* bzw. *nochhert* (›nachher‹) oder beim *Senft* (›Senf‹).

Dodefor

Wortanfänge und Wortendungen

Viele Wortanfänge und Wortendungen sehen im Pfälzischen anders aus als im Hochdeutschen. Eine Besonderheit sind da zunächst die »Dadaismen« am Wortanfang. Zwar stammte mit Hugo Ball einer der Köpfe der Kunstrichtung des Dadaismus aus der pfälzischen Stadt Pirmasens, doch hat dies damit nichts zu tun. Viele Adverbien, die mit *da-* anlauten, werden mit einer vorgeschalteten Verdoppelung versehen, wie in *dodefor* (›dafür‹), *dodemit* (›damit‹), *dodebei* (›dabei‹), *dodevu(n)* (›davon‹), aber z. B. auch *desdeweeche* (›deswegen‹).

Auffällig ist auch die Veränderung von Präfixen. Ein *ein-* am Anfang kann dabei in der Pfalz sehr unterschiedlich wiedergegeben werden: In der Ostpfalz geht man *oikaafe*, in der Südpfalz *eikaafe*, in der Westpfalz *inkaafe* und in Teilen der Nordpfalz *enkaafe*. Wo ein *ge-* oder *be-* am Anfang steht, ist das *e* meist völlig verschwunden, wie in *Bscheid* (›Bescheid‹), *Gschicht* (›Geschichte‹), *ghabt* oder *ghatt* (›gehabt‹). Manche Wortanfänge, die hingegen mit *ge-* ergänzt werden, können einen eindeutig negativen Charakter haben, beispielsweise in *Geduus* (›lästiges Tun, Gehabe‹) oder *Gedöns* (›lästiges Getue‹). Wo ein Wort mit einem *zer-* oder *er-* beginnt, wird es im Pfälzischen in der Regel mit einem *ver-* wiedergegeben, wie in *verzehle* (›erzählen‹), *verschregge* (›erschrecken‹), *verrobbe* (›zerrupfen‹) oder *verquetsche* (›zerquetschen‹).

Im vorherigen Kapitel wurde bereits festgehalten, dass Wortendungen häufig gekürzt werden. Eine weitere Besonderheit ist, dass dort, wo am Wortende eines Plurals von Substantiven ein *-ern* oder ein *-eln* steht, es im Pfälzischen in der Regel mit einem *-re* oder *-le* wiedergegeben wird, wie in *Baure* (›Bauern‹; auch *Bauere* mit einem zusätzlichen *e*) oder *Worzle* (›Wurzeln‹). Typisch für das Pfälzische ist auch, dass viele Substantive auf *-es* enden. Die Ursache liegt hier teils in Sprachen wie dem Jiddischen oder Lateinischen, beispielsweise bei *Zores* (›Streit‹) und *Mores* (›Respekt‹). Daneben gibt es aber auch dialektale Ausdrücke wie *Dabbes* (›Tollpatsch, ungeschickter Mensch‹), *Schneeges* (›Süßigkeiten‹), *Schnorres* (›Schnurrbart‹) und *Stambes* (›gestampftes Gemüse‹).

Wenn bei der Flexion des Adjektivs *gut* in der femininen Form *ä gudi Fraa* (Ostpfalz) oder *ä gurri Fraa* (teils Südwestpfalz) ein *i* am Ende steht, kommt das von der femininen Form *guotiu* des mittelhochdeutschen *guot*, dessen Endung im modernen Hochdeutsch dann zu einem *e* abgeschwächt wurde. Spannend ist das Wortende schließlich auch im Wort *wütend*, das in Dialektvarianten auch mit *wiedich* übertragen wird.

Pfälzer Dadaist Hugo Ball

Bobbelche

Verkleinerungsformen

Pfälzer und Pfälzerinnen neigen dazu, vieles zu verkleinern, ja niedlicher zu machen. Ausdrücke werden in der Regel mit einer Verkleinerungsform versehen, sprachwissenschaftlich Diminutiv genannt. Dabei zeigt sich, dass eine Sprachgrenze die West- und Ostpfalz voneinander trennt, nämlich die zwischen *-lein* und *-chen*, die auch von überregionaler

Bobbelche in de Fudderkribb

Bedeutung ist. Im oberdeutschen Sprachraum, in dem die Ostpfalz liegt, verkleinert man üblicherweise mit *-lein* *(Männlein)* oder anderen Suffixen, die den Konsonanten *l* enthalten (*-el*, *-le* etc.). Im nordwestlicher gelegenen Sprachraum und somit auch in der Westpfalz verkleinert man hingegen mit *-chen (Männchen)*, niederdeutsch auch mit *-ken (Männeken)*. In Deutschland sind Formen auf *-chen* inzwischen aber auch überregional verbreitet. Ausnahmen gibt es in der Pfalz, wenn beispielsweise ein Wort auf *l* endet. Dann kann in der Ost- und Südpfalz ebenso ein *-che* am Ende stehen, wie beim *Gailche* (›Pferdchen‹). Wenn hingegen schon ein *-ch* am Ende eines Wortes steht, dann wird im Westen und Norden auch mal ein *-el* vor der Verkleinerungsform *-chen* eingeschoben, wie im *Bichelche* (›Büchlein‹).

Ein Junge, ein *Bub* oder *Buu*, wird zum *Biewel* oder sogar zum *Biewelche*, ein Mädchen wird zum *Mädel* oder *Mädelche*, ein Schatz wird zum *Schätzel* oder *Schätzelche*. Ein Kleinkind oder Baby klingt wesentlich niedlicher, wenn es mit einer doppelten Verkleinerungsform nicht nur *Bobbel*, sondern *Bobbelche* genannt wird. Die biblische Weihnachtsgeschichte nach dem Lukasevangelium wurde daher in der »Bibel uf Pälzisch« mit der Überschrift »Bobbelche in de Fudderkribb« versehen. Ähnlich sind die Verkleinerungsformen *Kinnelche* (›Kindlein‹), *Freschelche* (›kleiner Frosch‹), *Guggelche* (›Äuglein‹) oder *Fläschelche* (›Fläschlein‹).

Eine weitere Besonderheit tritt auf, wenn ein *s*- oder *z*-Laut am Ende eines Wortes steht. Dann kann die Verkleinerung in der West- und Nordpfalz durch ein *-je* erfolgen, wie im *Haisje* (›kleines Haus‹). Eine Verkleinerung durch ein *i* findet sich mancherorts im Ausdruck *bissi* (›bisschen‹). Ungewohnt für den Rest der Pfalz klingt es, wenn beim Plural in der Südpfalz ein *-lich* zur Verkleinerung verwendet wird, wie in *Bäämlich* (›kleine Bäume‹) statt *Bämmelcher* oder *Bämmel*. Verkleinerungsformen werden auch auf Kinderspiele angewandt, beispielsweise heißt das Murmelspiel eigentlich *Gligger*, wird meist aber *Gliggerles* oder *Gliggerches* genannt.

Viel verwendet wird das verniedlichte »Sodele!« (›So – jetzt aber!‹), das auf diese Weise nicht zu kategorisch wirkt. Dieses *-(e)le* taucht vor allem auch bei der Abschwächung von Verben auf. *Schläbble* bedeutet, dass jemand langsam daherkommt (›schlappen‹), *schlääfle*, dass jemand einen kurzen Schlaf hält, *süffle*, dass er oder sie nur ein wenig trinkt (›süffeln‹). Verkleinerungsformen von Adjektiven kommen seltener vor, doch zeigen Mundartgedichte früherer Jahre, dass es Formen wie *sauwerche* (›sauber‹) oder *hellche* (›hell‹) gab.

Derdo wo

Pronomina, Präpositionen, Komparative und Konjunktionen

Die Personalpronomina (Fürwörter) *er* oder *sie* werden im Pfälzischen in der Regel mit den Demonstrativpronomina *der* oder *die* wiedergegeben: *die hot gsacht/gsaat*. Soll ein besonderer Hinweis oder eine Verstärkung erfolgen, heißt es *derdo*, *diedo* oder *desdo* (›dieser, diese, dieses da‹). *Jener*, *jene* und *jenes* werden mit *seller*, *selli* und *selles* übertragen. Beim Personalpronomen *ihn*, der Akkusativform von *er*, zeigt sich wieder eine Sprachlinie durch die Pfalz. Im Ostpfälzischen wird bei der Verschmelzung mit einem Verb statt *ihn* ein *-en* anhängt, im Westen ein *-ne*, so in *die kennten* oder *die kenntne* (›sie kennt ihn‹).

Ein Relativpronomen, also ein nebensatzeinleitendes Fürwort (*der*, *die*, *das*; *welcher*, *welche*, *welches*), wird in der Regel mit *wo* oder *wu* bzw. *der, wo / die, wo / das, wo* wiedergegeben: *der, wo kummt* (›derjenige, der kommt‹), *die Fraa, wo mer gholfe hot* (›die Frau, die mir geholfen hat‹), *des Buch, des wo do geleche is* (›das Buch, welches da gelegen ist‹). Besondere Interrogativpronomina (Fragefürwörter) sind schließlich *weller* (›welcher‹), *welli* (›welche‹) und *welles* (›welches‹), z. B. in »Weller von denne is des?« (›Welcher von denen ist das?‹).

Wenn die Präposition *uff* (›auf‹) im Pfälzischen verwendet wird, kann damit auch ein räumliches ›nach‹ gemeint sein: »Ich fahr uff Lautre.« (›Ich fahre nach Kaiserslautern.‹) Wendet man einen Vergleich mit dem Komparativ an, der üblicherweise mit dem Wort *als* gebildet wird, wird dafür *wie* verwendet: »Der is kläner wie de anner« (›Er ist kleiner als der andere‹). Konjunktionen, also Bindewörter, werden im Pfälzischen anders als im Hochdeutschen verwendet. Ein *wann* entspricht dem hochdeutschen *wenn*: *wann der kummt* (›wenn er kommt‹). Ein *wie* steht für ein hochdeutsches *während*: »Wie ich do hogg, is des bassiert.« (›Während ich da gesessen bin, ist das passiert.‹)

Es Barbara ehr Haus

Deklination und Genus

Die Deklination zeigt die Bildung von Wortformen nach Fall (Nominativ, Genitiv, Dativ, Akkusativ) und grammatischem Geschlecht auf. Hier jeweils ein Beispiel der pfälzischen Deklination der Substantive *die Mutter*, *der Vater* und *das Gutsl* (›Bonbon‹):

	f. Sg.	**f. Pl.**	**m. Sg.**	**m. Pl.**	**n. Sg.**	**n. Pl.**
Nom.	die Mudder	die Midder	de Vadder	die Vädder	des Gutsl	die Gutsl
Gen.	vun de Mudder	vun denne Midder	vum Vadder	vun denne Vädder	vum Gutsl	vun de Gutsle
Dat.	derre Mudder	denne Midder	dem Vadder	denne Vädder	dem Gutsl	denne Gutsle
Akk.	die Mudder	die Midder	den Vadder	die Vädder	den Gutsl	die Gutsle

Pfälzerinnen und Pfälzer kann es wenig stören, dass dem Genitiv im Deutschen ein langsamer Tod prognostiziert wird, denn hierzulande hat er wohl nie gelebt. In der Deklination von Substantiven ist dies einer der wichtigsten Unterschiede zum Hochdeutschen. Zu erahnen ist der Genitiv nur in Bezeichnungen, die die Zugehörigkeit zu etwas hervorheben. Ein Beispiel sind Familienzugehörigkeiten wie *de Millers ehrn Hannes* oder einfach *de Miller Hannes*, also ›Johannes (aus der Familie) Müller‹. Es gibt auch feststehende Formen, die den Genitiv beinhalten, wie *mer gehn ä Stick Weg minonner* (›wir gehen ein Stück des Weges miteinander‹).

Pfälzischer Genitiv

Statt den Genitiv zu gebrauchen, werden aber meist Konstruktionen aus Präpositionen oder Pronomina und Substantiven gebildet, Letztere stehen dann im Dativ. Beispiele sind *ä Glas vum beschde Woi* (›ein Glas des besten Weines‹), *moim Vadder soi Audo* bzw. *des Audo vun moim Vadder* (›das Auto meines Vaters‹) oder *de Leit ehr Zeichs* (›die Sachen der Leute‹). Der Dativ steht auch nach der Präposition *wegen*: *weeche dem* (›wegen des‹). Wie sehr der Genitiv gemieden wird, zeigt sich auch darin, dass Präpositionen wie *während*, *anlässlich*, *inner-* und *außerhalb*, Verben wie *bedürfen* oder Adjektive wie *fähig*, die nach einem Genitiv verlangen, einfach nicht verwendet werden.

Auch der Akkusativ hat es schwer, wenn er durch den Nominativ ersetzt wird, beispielsweise in *der hot änner* (›er hat einen‹), was eigentlich mit ›er hat einer‹ übertragen werden müsste. Ebenso wird manchmal statt des Akkusativs der Dativ verwendet, wie in *ich ruf Ihne aa* (›Ihnen‹ statt ›Sie‹) oder *der hot mir aagerufe* (›mir‹ statt ›mich‹).

Genusverwirrung

Manche Substantive erhalten im Pfälzischen ein anderes grammatisches Geschlecht (Genus). Bekanntes Beispiel ist, dass es statt *die Butter* oft *der Butter* heißt, so in *geb mer mool de Budder.* Auch heißt es *die Bach* (feminin) statt *de Bach* (maskulin). Einen Geschlechterwechsel haben genauso *de Schogglaad*, also *der Schokolade* statt *die Schokolade*, und *de Bombon* statt *das Bonbon*, *des Ort* statt *der Ort* und *des Egg* statt *die Ecke* erfahren. Beim Ausdruck *Zehe* gibt es regionale Unterschiede. So heißt es in der Ostpfalz *de Zeh* und in der Westpfalz *die Zeh*. Berüchtigt ist im Westpfälzischen bis ins Saarland hinein die verbreitete Benennung des Weiblichen als Neutrum. So sagt man über eine weibliche Person *es Barbara is do* (›die Barbara ist hier‹).

Ich duu, du duuscht, der/die/des duut

Konjugationen

Bei der ersten Person Singular von Verben im Präsens fällt im Pfälzischen in der Regel das auslautende *e* weg: *ich saach, duu, geh, nemm, kumm*. Das Westpfälzische kann hier auf *n* enden: *ich saan, duun, gehn*. Die zweite Person Singular wird mit einem -*scht* gebildet: *du duuscht, gehscht, willscht*. Im Süden und Westen der Pfalz auch ohne das auslautende *t*: *du duusch, gehsch, willsch*. In der zweiten und dritten Person Singular gibt es regionale Unterschiede bei der Verwendung von *i* oder *e* in Wörtern wie *geben* und *essen*. So heißt es in der Ostpfalz: *du gibscht, der gibbt* oder *du ischt, die isst*. Westpfälzerinnen und -pfälzer sagen hingegen: *du gebscht, der gebbt* und *du escht, die esst*. In der Westpfalz bleibt somit häufig der Vokalwechsel (Ablaut) vom Infinitiv zum Präsens (2. und 3. Person Singular [Sg.]) aus, der auch standardsprachlich erfolgt.

Beim Plural der Verben im Indikativ bleiben in vielen Fällen die drei Formen gleich, mit dem Unterschied, dass sie in der Ost-, Nord und der Saarpfalz auf *e*, in der Westpfalz, aber auch in der Kurpfalz rechts des Rheins meist auf *-en* enden, beispielsweise in *mer/ehr/die saache, gehe, kumme, nemme, misse* versus *mer/ehr/die sachen, gehen, kummen, nemmen, missen.*

nehmen	**Ostpfalz**	**Westpfalz**
ich	nemm	nemm
du	nimmscht	nemmsch
der/die/des	nimmt	nemmt
mer/ehr/die	nemme	nemmen

tun	**Ostpfalz**	**Westpfalz**
ich	duu	duun
du	duuscht	duusch
der/die/des	duut	duut
mer/ehr/die	duun	duun

Die Konjugation des Verbs *sein* ist teilweise noch differenzierter; bereits der Infinitiv lautet in der Ostpfalz *soi* oder *sei*, in der Westpfalz teils *sei*, teils *senn*, in der Nordpfalz *sei* oder *sein* und in der Südpfalz *sain*. Zusätzlich zur folgenden Tabelle kann die 1. Person Singular in der Saarpfalz *ich ben* sowie südlich von Pirmasens und

Zweibrücken *ich sinn* heißen. Im Plural heißt es in wenigen Ecken zudem *mer senn*.

sein	**Ostpfalz**	**Westpfalz**	**Nordpfalz**	**Südpfalz**
ich	bin	bin/ben	sein	ben/bin
du	bisch(t)	bisch(t)	bisch(t)	bisch(t)
der/die/des	iss	iss	ess	isch/esch
mehr/ehr/die	sinn/seid/ sinn	sinn	sein	sinn

Wenn im Präsens ein Konjunktiv gebildet werden soll, dann wird in der Regel das Hilfsverb *deed* (›täte‹ von *tun*) eingefügt: *ich deed redde, du deedscht redde, der/die/des deed redde, mer/ehr/die deeden redde*. Der Imperativ wird gebildet aus dem Präsensstamm eines Wortes, auch bei starken Verben, bei denen standardsprachlich ein Vokalwechsel erfolgt. Beispiele sind »Nemm!« (statt »Nimm!«, von *nehmen*) oder »Ess!« (statt »Iss!«, von *essen*). Beim Plural wird ein *-en* angehängt, also »Nemmen!« und »Essen!« (statt »Nehmt!« und »Esst!«).

Vergangenheit und Zukunft

Bei Vergangenheitsformen ist auffällig, dass das Imperfekt im Pfälzischen nicht gebraucht wird. Es wird in der Regel alles im Perfekt ausgedrückt. Für die Vergangenheitsformen werden dafür die Hilfsverben *sein* und *haben* verwendet. Das Perfekt wird in der Regel ohne die Vorsilbe *ge-* formuliert, wobei sich inzwischen eine Mischung von altem Pfälzisch und Hochsprache etabliert. In der Umgangssprache wird das *ge-* verkürzt als *g* gesprochen, so in der Ostpfalz: *ich hab gesse, gegesse* oder *g'gesse* (›ich habe gegessen‹) sowie *ich hab gehabt* oder *g'habt*. In der Westpfalz heißt es *ich hab (ge)gess* sowie *ich hab g'hatt*. Hier erkennt man ein weiteres Unterscheidungsmerkmal zwischen Ost- und Westpfalz. Während im Osten im Perfekt nur das *n* wegfällt, wird im Westen beim Perfekt auch kein *e* am Ende gesprochen: *genumm* versus *genumme*.

	Ostpfalz	**Westpfalz**
ich	bin (ge)kumme	bin (ge)kumm
du	bischt (ge)kumme	bischt (ge)kumm
der/die/des	is (ge)kumme	is (ge)kumm
mer/ehr/die	sinn/seid/sinn (ge)kumme	sinn (ge)kumm

Für das Hilfsverb *haben* gelten die gleichen Regeln wie im Kapitel »Habb, häbb, hann, hunn« aufgezeigt (S. 38), sodass es in der Ostpfalz heißt *ich habb geredd*, in der Westpfalz *ich hann geredd*, in der Südpfalz *ich häbb geredd* und in der Nordpfalz *ich hunn geredd* (›ich habe geredet‹). Die Hilfsverben *sein* und *haben* werden teilweise auch unterschiedlich verwendet. Beispielsweise heißt es in der Ostpfalz *ich bin geloff(e)*, in manchen Regionen der Westpfalz aber *ich hab geloff*.

Wo im Hochdeutschen bei der Bildung der Perfektform ein Vokalwandel stattfindet (wie beim Verb *kennen – gekannt*), bleibt es im Pfälzischen im Perfekt beim präsentischen Vokal: *ich hab gekennt*. Teilweise kann der Vokal auch schwanken, das Verb *tun* beispielsweise gibt es im pfälzischen Sprachraum in der Vergangenheitsform in folgenden Varianten: *ich hab geduun, geduu, geduud, gedaa, gedaan, gedoo* oder *gedou*.

Beim Gebrauch von Modalverben in der Vergangenheit ist im Pfälzischen der Satzbau auffällig. So hört man Pfälzerinnen und Pfälzer sagen: *ich hab misse geh(e)* (›ich habe gehen müssen‹) oder *er hot nix kenne mache* (›er hat nichts machen können‹). Die Vergangenheitsformen des Konjunktivs werden mit dem Wort *hätte* gebildet: *ich hätt geredd, du hättscht geredd, der/die/des hätt geredd, mer/ehr/die hätten geredd*. Konjunktivformen werden auch verwendet in Höflichkeitswendungen wie *ich hätt gern* (›ich hätte gern‹), *ich dääd gern* (›ich würde gerne‹) oder *ich braicht* (›ich bräuchte‹).

Zukunftsformen werden im Pfälzischen in der Regel durch den Indikativ in Kombination mit Zeitadverbien ausgedrückt, wie in *ich redd morche mit dem* (›ich rede morgen mit ihm‹). In Anlehnung an das Hochdeutsche wird allerdings inzwischen häufig auch das Verb *werden* verwendet, also: *ich werd redde, du werscht redde, der/die/des werd redde, mer/ehr/die werren redde*. »Ich werd mit dem redde!« kann, je nach Betonung, auch einen negativdrohenden Nachhall haben.

Gebabbelt is glei!

Wortschatz und Redewendungen

Herrgottsveelche

Reichtum des Wortschatzes

Das Pfälzische hat im Vergleich zum Hochdeutschen in mancherlei Hinsicht einen wesentlich größeren Wortschatz, besonders in Hinblick auf die Natur und die Landwirtschaft. Diese haben schließlich auch über Jahrhunderte das Leben der Menschen in der Region geprägt. Allein 60 Bezeichnungen zählt das umfangreiche »Pfälzische Wörterbuch« für den Marienkäfer. Der kann in der Südpfalz *Herrgottskäferle*, in der Nordpfalz *Herrgottsveelche* (›Käferlein‹ oder ›Vögelchen Gottes‹), in der Westpfalz *Hans-* oder *G'hannsbiebche* (*G'hanns* kommt von *Johannes*) oder in der Südwestpfalz *Herrgottsbiebche* heißen, wobei das *Biebche* nicht von *Buben* (›Jungen‹) kommt, sondern dem in der Westpfalz gebräuchlichen Wort *Boob* für ›Käfer‹. Etwas leichter hat man es mit den rund 50 verwendeten Ausdrücken für die Ameise, die beispielsweise *Amenz*, *Äämenz*, *Imenz*, *Omenz* oder *Umenz* heißen kann, je nach regionaler Vorliebe für einen Vokal.

Gerade bei Bezeichnungen aus der Tierwelt entdeckt man die Differenzierungsfähigkeit des Pfälzischen. Ein Schwein heißt allgemein und neutral *Wutz* oder *Sau*. Wer ein weibliches Schwein meint, gebraucht Wörter, die ins Mittelhochdeutsche zurückreichen: *Loos* (mhd. *lôse*), *More* (mhd. *môre*) oder *Mook* (mhd. *mocke*). Ein männliches Schwein heißt *Ewwer* (›Eber‹), aber auch *Hättsch* und *Beer*. Dieses unterscheidet man vom kastrierten Schwein, dem *Barch* (mhd. *barc*). Ferkel können *Saile* (›kleine Sau‹), *Wutzje* oder *Freggel* heißen. Eine Differenzierung entdeckt

Wutz

Herrgottsveelche

Ried

Amenz

man auch bei weiteren Tieren, so z. B. dem Hund. Der männliche Hund heißt *Ried* (›Rüde‹, mhd. *rüede* ›großer Hund‹) und der weibliche *Zaub* (mhd. *zûpe*). Insgesamt werden wohl in Zukunft die starken Differenzierungen in diesem Bereich zurückgehen, da das Berufsfeld Landwirtschaft nicht mehr so dominant ist wie in früheren Zeiten.

Kommerlosse!

Über das Loben

Im Pfälzischen gibt es keine Lobhudelei. Einen guten Wein lobt so mancher mit dem Kommentar »Kommerdrinke!« (›Den kann man trinken!‹). »Net schlecht!« ist ebenfalls ein fast euphorisch gemeinter Ausdruck des Lobes. Das größte Lob bildet allgemein ein anerkennend gesprochenes »Kommerlosse!« (›Das kann man so lassen!‹). Nun stelle man sich vor, ein Pfälzer oder eine Pfälzerin wird bei einem ersten Rendezvous zu einem selbst gekochten Essen eingeladen. Die Gastgeberin oder der Gastgeber blickt nach der leckeren Mahlzeit den pfälzischen Gast erwartungsvoll lobsuchend an und es folgt die trockene Formel: »Kommerlosse!« Der Aufbau einer Beziehung scheint an dieser Stelle in weite Ferne gerückt, aber was will man machen? Ein größeres Lob gibt es im Pfälzischen nicht. Hier sei geneigten Leserinnen und Lesern aus der Pfalz empfohlen, folgenden Hinweis zu ergänzen: »Sei froh, dass de ken Schwob abkriggt hoscht, do deeds heeße: Net g'schimpft is g'lobt g'nug!« (›Sei froh, dass du keinen Schwaben als Partner abbekommen hast. Der würde nämlich sagen: Nicht geschimpft ist genug gelobt!‹) Der dezente Hinweis auf die Schwäbinnen und Schwaben und darauf, dass diese noch schlechter loben können, genügt, um heil aus der Situation herauszukommen.

Im Leewe net!

Vom Ja- und Neinsagen

Kurz angebundene oder schlecht gelaunte Pfälzerinnen und Pfälzer brummen für eine Zustimmung ein dumpfes *Mhm*. Doch gibt es immer wieder Situationen, in denen offenherzig Ja gesagt wird. Während man in der Westpfalz ein kurzes *Jo* vernimmt, hört man in der Ostpfalz ein tiefes und langes *Joo*. Dies kann lautlich verstärkt werden beim melodischen, fast gesungen *Ajooo* oder *Hajooo*, das in eine positive Grundstimmung mitreißen kann. Allerdings muss man bei einem *Joo* den Kontext genau beachten, denn das Wort kann auch zweifelnd und damit verneinend gebraucht werden. Wenn jemand etwas Unmögliches formuliert, beispielsweise: »Der badische Wein ist besser als der pfälzische«, erklingt in der Regel spontan ein zweifelndes bis ungläubiges »Jooo!« oder »Jooo alla!«.

Prinzipiell fällt es Pfälzerinnen und Pfälzern schwer, kategorisch einfach Nein zu sagen. Ein *Nää*, verstärkt als »Nää, odder?«, hat eher etwas Ungläubiges, als dass es eine klare Ablehnung bedeutet. Dafür gibt es im Pfälzischen einen anderen Ausdruck, nämlich: »Im Leewe net!« (›Nie im Leben! Unvorstellbar!‹) Wenn diese Formel kategorisch ausgesprochen wird, zeigt sie, dass man sich das Angesprochene überhaupt nicht vorstellen kann oder an der Umsetzbarkeit eines Vorhabens zweifelt. Übrigens bedeutet *net* hier ›nicht‹. Dies sei für den Fall erwähnt, dass jemand meint, als ›nett‹ eingestuft zu werden, wenn er oder sie mit »Du net!« angesprochen wird. Damit ist eindeutig ›Du nicht!‹ gemeint.

Loss die Hosse waggle!

Sinnlich direkt

Das Pfälzische ist direkt, manchmal zu direkt oder auch zu derb. Bei vielen Redenwendungen aber passen Inhalt und Klang sehr gut zueinander. Ein gutes Beispiel hierfür ist der Ausdruck »Loss die Hosse waggle!« (›Lass die Hosen

Loss die Hosse waggle!

wackeln!‹). Er fordert dazu auf, sich endlich aufzurappeln, da die Zeit knapp wird, beispielsweise wenn Kinder nicht schnell genug aus dem Haus und dadurch zu spät zur Schule kommen. Vergleichbar ist das mit »Schloof net im Stehe oi!« (›Schlafe nicht im Stehen ein!‹). Wenn einem *die Brie laaft* (›die Brühe herunterläuft‹), dann bedeutet das, dass man kräftig schwitzt, besonders bei harter Arbeit. Ein *babbisch Gutsel* (Ostpfalz) oder *Gutsje* (Westpfalz) kann sich auf einen klebrigen Bonbon beziehen, aber auch auf eine Person, die einem hartnäckig hinterherläuft. Jedenfalls hört man dem Babb-Klang das lästige Kleben an.

Spannend ist die Beobachtung im »Pfälzischen Wörterbuch«, dass es weit über hundert Ausdrücke für ›schlagen‹ oder ›verhauen‹ gibt. Von diesen ist *die Hosse strammziehe* noch einer der harmlosesten. Damit der Dampf in manchen Situationen abgelassen wird, verwendet man den Spruch »Bloos die Bagge net so uff!« (›Blas deine Backen nicht so auf!‹). Ein erstes Vorzeichen, dass einem etwas merkwürdig vorkommt, ist die Frage: »Bischt noch ganz sauwer?« (›Bist du noch ganz sauber?‹) Das ist keine hygienische Frage, sondern es geht schlicht darum, dass man ein Verhalten oder eine Aussage bitte überdenken sollte, weil es ansonsten Ärger gibt.

Gleich mehrere Bedeutungen hat das Wort *doddelich*. Zum einen bedeutet es, dass jemand wackelig auf den Beinen steht. Dann bezeichnet man so einen Ball, der nicht voll aufgepumpt ist. Schließlich ist damit auch ein unangenehm leichter Händedruck gemeint. Wer einem *doddelich* die Hand gibt, gilt dann leicht als *Labbeduddel* (siehe S. 93). Ein klares Bild vor Augen hat man auch beim Ausdruck *Hawwegugger* (›Topfschauer‹). Damit ist ein neugieriger Mensch gemeint, der vor lauter Neugierde keine Hemmungen hat und selbst in Schränke und auf dem Herd stehende Töpfe hineinschaut.

Mit de Gääß gezaggert

Naturverbundenheit

Die Pfalz ist eine Region, in der Naturverbundenheit gelebt wird. Auch wenn die Landwirtschaft nicht mehr das bestimmende Maß aller Dinge ist, finden sich noch viele Relikte in der Sprache, wie die Redewendung »Petz mol em Ochs ins Horn!« (›Kneife mal einem Ochsen ins Horn!‹). Allen, die die Beschaffenheit eines Tierhorns kennen, ist klar, was damit gemeint ist, nämlich: Man tut etwas, was überhaupt keinen Sinn ergibt. Für diese Vergeblichkeit des Tuns gibt es weitere Wendungen wie etwa *de Hinkle Hai gewwe* (›den Hühnern Heu [als Futter] geben‹) oder *de Bock zum Gardemääschder mache* (›den Ziegenbock zum Gärtner machen‹).

Ein weiterer Ausdruck zeigt, dass man Erfahrung darin haben muss, wie man Nutztiere einsetzt: *annerscht wie mit de Gääß gezaggert* (›anders als mit einer Ziege das Feld umgegraben‹). Die Ziege (mhd. *geiz*), also die *Gääß* oder der männliche *Gääßbock*, ist nicht in der Lage, einen Pflug zu ziehen und dadurch den Boden zu *zaggre*, also umzugraben. Dafür muss man das richtige Tier einsetzen, beispielsweise ein Pferd oder einen Ochsen. Wer sich also in der Landwirtschaft nicht auskennt, setzt wortwörtlich auf ein falsches Pferd. Humorvoll gemeint ist ein weiterer Ausdruck, der mit der Ziege verbunden ist. Sie wird auch *Bartkuh* genannt, da arme Bauern, die sich eine Milchkuh nicht leisten konnten, ihre Milch von einer Ziege bezogen. Hämisch gemeint ist die Redewendung *der is hoorisch wie ä Krott* (›der ist haarig wie eine Kröte‹). Jeder Naturkenner weiß natürlich, dass Kröten keine Haare haben, sodass der Spruch auf wenige Haare oder einen Glatzkopf anspielt.

Hoorisch Krott als dezenter
Hinweis auf einen Glatzkopf

Hol mer än Debbich!

Geheimnisvolles und Missverstehen

Manche Wörter sind geheimnisvoll. *Duschber* ist hierfür ein Beispiel, denn gemeint ist damit, wenn etwas ›geheimnisvoll düster‹ oder ›still‹ ist. Aus diesem Grund wurde auch die Weihnachtshymne »Stille Nacht« in »Duschber die Nacht« übertragen (Landgraf 2020). Ein Geheimnis der Geschichte ist der Fluch *Gewidderdunnerkeil*. Ein *Donnerkeil* bezeichnet eigentlich einen Blitzstrahl und wird auf den germanischen Gott Thor bzw. Donar zurückgeführt, der laut germanischen Mythen bei einem Gewitter mit Keilen oder Blitzen um sich warf.

Eines der schönsten Missverständnisse erlebt man, wenn die Bitte erfolgt: »Hol mer än Debbich!« Die einfache Übersetzung lautet: ›Bring mir bitte einen Teppich!‹ Doch meint ein Pfälzer oder eine Pfälzerin damit meist keinen klassischen Bodenbelag, sondern eine Kuscheldecke. Gemeint ist daher: ›Bring mir bitte eine Decke, mir ist kalt!‹ Hilfsbereit zupackende Westpfälzerinnen und Westpfälzer haben bei einer gut gemeinten Frage bereits böse Überraschungen erlebt: »Kann ich der wo draalange?« Direkt übertragen heißt das: ›Kann ich dir irgendwo hinlangen?‹ Dieser Spruch ist jedoch keine simple Anmache, sondern es ist ein Angebot, dem oder der Angesprochenen tatkräftig beizustehen, beispielsweise bei einer Autopanne.

Vielseitig verwendet und dadurch missverständlich ist auch das Wort *Bettseecher*, das nämlich gleich drei Bedeutungen hat. In der Natur ist es die Pflanze Löwenzahn. Dann bezeichnet es einen Menschen, der ins Bett uriniert (mhd. *seichen* ›Wasser lassen‹). Die Verbindung zum Löwenzahn ist, dass dieser eine harntreibende Wirkung hat. Eine dritte Bedeutung ist die des Feiglings, der sich aus Angst in die Hose macht. Auch das Verb *petze* kann dreierlei bedeuten. Zum einen hat es die Bedeutung ›verraten‹ (vielleicht von hebr. *pạẓạ̈* ›den Mund aufreißen‹), dann kann es ›kneifen‹ bedeuten (siehe S. 84) und schließlich ›trinken‹, wenn man *einen Schoppen petzt*.

Unterschiedlich verwendet wird ebenfalls der geheimnisvolle Ausdruck *verkasemaduggeln*, dessen Herkunft nicht geklärt ist. In der Nordpfalz bis ins Hessische ist er belegt mit der Bedeutung ›verdrücken‹, im Sinne von ›essen‹ oder ›trinken‹. Eine weitere Verwendung ist *ich hab die was verkasemaduggelt* im Sinne von ›erläutert, verstehbar gemacht‹, also anderweitig ›verinnerlicht‹. In der Südpfalz hingegen hat *ich hebb was verkasemaduggelt* die Bedeutung: ›Ich finde etwas nicht wieder, weil ich es verlegt oder zu gut versteckt habe.‹

Für die einen geheimnisvoll, für andere missverständlich ist es schließlich, wenn eine Pfälzerin oder ein Pfälzer eine Zeitansage für eine Verabredung macht. So ist *verddl fünf* im Pfälzischen eine Viertelstunde nach vier Uhr bzw. 45 Minuten vor fünf Uhr. *Halb fünf* bedeutet eine halbe Stunde bis fünf Uhr und *drei verddl fünf* 15 Minuten bis fünf Uhr.

voll

verddl fünf

halb fünf

drei verddl fünf

Gradseläääd

Pfälzer Gefühlslagen

Pfälzer und Pfälzerinnen sind am liebsten *dabber* (›tapfer, aufrecht‹). Eher selten sind sie schüchtern oder zögerlich, wofür der Ausdruck *schinant* (frz. *gênant* ›peinlich, unbequem‹) steht. Gar nicht leiden können Pfälzerinnen und Pfälzer, wenn sie *heggewelsch* oder *struwwelich* gemacht werden. Beides bedeutet, dass man vor lauter Hektik, die eine Person verursacht, selbst völlig durcheinandergerät. Der Ausdruck *welsch* kommt von ahd. *walhisc*, mhd. *walhisch/welhisch* bzw. *walsch/welsch* mit der Bedeutung ›romanisch‹. Er bezog sich früher auf die keltischen Nachbarinnen und Nachbarn, später konnte *welsch* auch die Bedeutung ›fremd‹ annehmen und entwickelte sich zu einem Negativbegriff. Dies galt insbesondere in der Zeit, als die Pfalz seit dem französischen König Ludwig XIV immer wieder besetzt und dies als Fremdbestimmung erlebt wurde.

Wenn es Pfälzerinnen und Pfälzern nicht gut geht, hört man sie manchmal *kräckse* oder *piense* (›jammern‹). *Ich bin malaad* (frz. *malade* ›krank‹) wird mit langem *aa* klagend betont. Auch *die Fregg* oder *die Kränk hawwe* sind gefühlsecht gesprochene Ausdrücke für ›krank sein‹. Beim *Gorgse* und *Worgse* (beides ›würgen‹) ist das, was gerade hochzukommen droht, zumindest sprachlich fast sichtbar. Wer weint, der *groint*, ein altes Wort, das möglicherweise auch hinter dem Ausdruck *Gründonnerstag* (als ›greinender Donnerstag‹: der Donnerstag der Trauer vor dem Karfreitag) steckt. Die Aussage *ich bin määrb* (›mürbe‹) wird

Määrb uff de Schesslong

verwendet, wenn man sehr müde und ausgelaugt ist. Am liebsten würde man sich dann auf die *Schesslong* (›Sofa‹) legen und umsorgt werden. Auch im Ausdruck *de Läääde hawwe* (›ein Leiden haben, etwas leid sein‹) steckt dieses leidend betonte Doppel-*ä*. Doch gibt es dafür ein beliebtes Gegenwort, das dann doch den Optimismus der Pfälzerinnen und Pfälzer auf wundervolle Weise spiegelt: »Gradseläääd!« – ›Dem Leiden zum Trotz! Trotz alledem! Es geht weiter und alles wird gut!‹

Krott un Griwwelbisser

Liebesbekundungen und Schimpfwörter

Schwülstige Liebesbekundungen sind dem Pfälzischen eher fremd. Nur selten finden sich liebevolle Ausdrücke wie *Herzkersch* (›Herzkirsche‹). Kosenamen können dem Tierreich entnommen werden, wie das für Männer verwendete *moin Tiecher* (›mein Tiger‹) für einen starken Typen oder *moi Bärle* (›mein kleiner Bär‹) für einen, an den sich eine Dame gerne anschmiegt. Häufig verwendet man die Bezeichnung *goldisch* (›süß, golden‹) für Menschen, die man nett findet, besonders aber für Kleinkinder und *Bobbelsche* (›Babys‹). Eine geliebte Person wird als *moi goldisch Schätzl* (›mein goldenes Schätzlein‹) bezeichnet. Weniger schmeichelhaft, aber lieb gemeint, ist der Ausdruck *moi goldisch Krott* (›meine goldige Kröte‹). Eine besondere Nähe drückt die west- und nordpfälzische Formulierung *komm bei mich* oder sogar *komm bei mich bei* aus. Im Ost- und Südpfälzischen heißt es dagegen eher hochdeutsch-nah *kumm zu mer* (›komm zu mir‹).

Statt nette Worte auszusprechen, *uuzt* (›neckt, provoziert‹) man sich gerne mit Schimpfwörtern, die meist nie ganz böse gemeint sind. Hierzu gehören die ebenfalls aus der Tierwelt entlehnten Ausdrücke *Affezibbel* (›Affenzipfel‹), *aldi Zegg* (›alte Zecke‹), *Meggergääß* (›Meckerziege‹), *Miggeschisser* (›Mückenscheißer‹), *Mollekopp* (›Kaulquappe‹), *Saumensch* oder *Zorn(g)iggl* (›zorniger Hahn, Gockel‹). Schlecht gelaunte Nörglerinnen und Nörgler werden *Knodderer* (›jemand, der kritisch gemeinte Töne von sich gibt‹), *Bebberer* (lat. *bebare* ›blöken‹) oder *Kratzberschte* (›Kratzbürste‹) genannt. Zusätzlich zum Nörgeln haben *Griwwelbisser* (›Krümelbeißer‹) und *Erbsezehler* (›Erbsenzähler‹) darüber hinaus noch den Hang, alles kleinlich genau wissen zu wollen.

Dibbelschisser (›Tupfenangsthase‹) bezeichnet eine Person, die nicht über den Horizont eines Tupfens hinausblickt. *Dollbohrer* oder *Dolles* sind ungeschickte, schlichte Personen. Ursprünglich wurden damit Zimmermannsgehilfen bezeichnet, die nur zum Bohren von Löchern für Dollen (›Dübel‹), mit denen Holzbalken verbunden wurden, taugten. Auch die Bezeichnungen *Simbl* (›Simpel‹) oder *Worzelsepp* (›Wurzelsepp‹) haben eine ähnliche Bedeutung und sind abwertend gemeint. Wer sich als ungeschickt, tollpatschig oder ungehobelt offenbart, kann *olwer*, *Olwel* oder als Steigerung *Olwerdolwer* genannt werden (mhd. *alwære* ›einfach, einfältig‹). Wenn einer *Dabbes* oder schärfer *Dabbschedel* genannt wird, scheint jede Hoffnung auf einen Erkenntniszuwachs verloren zu sein.

Probleme haben Pfälzerinnen und Pfälzer mit einem *Labbeduddel*, einem ›Weichei‹, der dazu noch einen zu sanften Händedruck hat. Artverwandt ist ein *Hannebambel* (›Hampelmann‹) oder ein *Pienzer* (›Weinender‹). Die *Dranfunzel* leitet sich von der Tranlampe ab, die in früheren Zeiten kaum Licht spendete, und bezeichnet jemanden, der wenig Energie zeigt. Unbeliebt sind *Strunzer* (›großspurige Angeber‹), *Dummbabbler* (›jemand, der Blödsinn erzählt‹), *Iwwerzwerche* (›übermotivierte, durchgedrehte Menschen‹) oder *Ferzmacher* (›Fürzemacher‹, also Personen, die viel heißen Wind ohne Ertrag produzieren). Völlig inakzeptabel ist ein *Gift(n)iggl*, ein bösartiger Mensch, dem Gift statt Blut durch den Körper zu fließen scheint.

Auch geografische Nachbarn werden *geuuzt*. Die Bayern, die die Pfalz 1816 bis 1919, in Kultusfragen sogar bis nach dem Zweiten Weltkrieg, fremdregierten, heißen *Zwoggl*. Was heute einen kleinen Wichtigtuer bezeichnet, geht zurück auf die Person Franz Xaver von Zwackh. Der erste Regierungspräsident des bayerischen Rheinkreises sandte 1816 seine Beamten aus, die in der Pfalz wohl wichtigtuerisch gewirkt haben müssen. Badener und Badenerinnen heißen *Geelfießler* (›Gelbfüßler‹), was darauf zurückzuführen sein könnte, dass badische Soldaten einst gelbe Gamaschen am Stiefel trugen. *Metholler* ist ein Ausdruck für Saarländerinnen und Saarländer, die, als die Region noch zu Frankreich gehörte, in die Pfalz fuhren und wohl sagten *des holle mer met* (›das bringen wir mit‹). *Wagges* (lat. *vagus* ›Landfahrer‹; hier umgangssprachlich ›Herumtreiber‹) werden schließlich Menschen aus Elsass und Lothringen genannt.

Geelfießler erinnert an die Uniform badischer Soldaten

Frlsm uff Hettrum

Ortsnamen und Richtungsangaben

Die Sehnsucht nach Ortsschildern auf Pfälzisch ist groß, was *Außergewärdichen*, die des Pfälzischen nicht mächtig sind, sicher Probleme bereiten würde. Noch erschließbar sind Ortsnamen wie *Bellem* (Bellheim), *Dergem* (Bad Dürkheim), *Deisem* (Deidesheim), *Gellem* (Göllheim) und *Wachrem* (Wachenheim), jeweils mit der Kürzung von *-heim* zu *-em*. *Goise* (Geinsheim) und *Herxe* (Herxheim) verzichten zusätzlich auf das *m* am Ende. Leichter erkennbar sind auch Ortsnamen wie *Berchzawwere* (Bad Bergzabern), *Bärmesens* (Pirmasens), *Edekowwe* (Edenkoben), *Landaach* (Landau) und *Lautre* (Kaiserslautern). Bei der Selbstbezeichnung *Lumbehafe* für Ludwigshafen am Rhein spürt man eine Selbstironie, denn *Lumbe* kann auch negativ hergeleitet als ›Lump‹ oder ›Lumpen‹ verstanden werden.

Komplizierter wird es bei *Aalekeie* (Altenkirchen), *Hougscht* (Hochstadt), *Maade* (Sankt Martin), *Loscht* bzw. *Luscht* (Lustadt) oder *Gorramstää* (Landau-Godramstein). Bei *Wingerde* (Weingarten) benötigt man das Wissen, dass der Weinberg im Pfälzischen *Wingert* heißt (siehe S. 107/108). Eine Herausforderung ist die Aussprache des Ortsnamens *Frlsm* (Friedelsheim), der ohne einen Vokal wiedergegeben wird. Ratlos dürften Nichtpfälzerinnen und Nichtpfälzer schließlich vor Ortsschildern stehen, wenn darauf *Hettrum* (Hettenleidelheim), *Dilje* (Sankt Julian), *Limbim* (Limburgerhof) oder *Owerkum* (Obrigheim) stünde.

Ortsnamen in der Pfalz

Wer in der Pfalz nach einer Ortschaft fragt, erhält übrigens oft auch folgende Angaben: *do* (›da‹), *uff* (›auf‹; ›nach‹), *do nuff* (›da hinauf‹), *do nunner* (›da hinunter‹), *do niwwer* (›da hinüber‹), *do hiwwe* (›da herüben‹), *do driwwe* (›da drüben‹), *owwe* (›oben‹), *drowwe* (›droben‹), *unne* (›unten‹) und *drunne* (›drunten‹).

Nochgschwisterkinner

Verwandtschaftsverhältnisse

Auch bei der Bezeichnung von Verwandtschaftsverhältnissen zeigt sich, dass das Pfälzische in vielem mehr zu bieten hat als das Hochdeutsche. *Mudder, Mamme, Momme* (›Mutter‹), *Vadder* (›Vater‹), *Unkel* (›Onkel‹), *Tande* (›Tante‹) und *Schweechern* (›Schwiegertochter‹) werden fast wie im Hochdeutschen wiedergegeben. Bei den Großeltern gibt es aber verschiedene Ausdrücke wie der oder die *Ahn* (›Ahne‹), der *Altvadder* (›Großvater‹) und die *Altmudder* sowie die *Großel* (›Großmutter‹). Die Bezeichnung *Nochgschwisterkinner* für die Kinder der von den Geschwistern abstammenden Kinder zeigt klar an, wie konkret das Pfälzische die Verwandtschaft benennen möchte. Statt einfach Nichte, Onkel oder Schwiegersohn zu sagen, wird genau der Hinweis gegeben, dass es um die *Brudersdochter* (›Tochter des Bruders‹), *de Muddersbruder* (›Onkel mütterlicherseits‹) oder um *de Dochdersmonn* (›Ehemann der Tochter‹) geht. Die Schwiegertochter

Verwandtschaftsverhältnisse

kann daher *Sohnsfraa* heißen, doch gibt es hierfür in der Nordwestpfalz auch die Bezeichnung *Schnuur* (mhd. *snur*). Verbreitet ist der alte Ausdruck *Geedel* (Ostpfalz) oder *Good* (Westpfalz) für die Patentante (ahd. *gota*) sowie die Bezeichnung *Pedder* für den Taufpaten.

Grummbeer un Quetsch

Pflanzenkunde

Wer auf dem Markt einkaufen möchte, dem oder der sei geraten, sich einen Grundwortschatz einzuprägen. In der über die Maßen fruchtbaren ostpfälzischen Rheinebene wachsen vielfältige Sorten von Obst. Sprachlich leicht erkennbar sind die *Äbbel* (›Äpfel‹), *Trauwe* (›Trauben‹), *Kersche* (›Kirschen‹) sowie die *Keschde* (lat. *castanea* ›Kastanie‹). Schwerer erschließbar sind die Wörter *Beere* (›Birnen‹, auch ›Beeren‹), *Persching* (lat. *persicum* ›Pfirsich‹), *Quetsche* (›Zwetschgen‹) und *Plaum*, *Prumm* oder *Praum* (›Pflaume‹). Regional verschieden heißt die Stachelbeere *Grusselbeer* (Ostpfalz), *Druschel* (Westpfalz) oder *Gruschel* (Nordpfalz), abgeleitet von der alten fränkischen Form *krusil*. Die Johannisbeere wird *Kannstrauwe* (Ostpfalz), *Hanstrauwe* oder *Ghannstrauwe* (Westpfalz) genannt, wobei *Kanns*, *Hans* und *Ghanns* für *Johannes* stehen. Der Ausdruck *Trauwe* leitet sich wohl von der Ähnlichkeit der Früchte zu einer roten Traube ab. Himbeeren können auch *Hummbeer* heißen, Brombeeren neben dem leicht erschließbaren *Brommbeer* auch *Blammbeer*, *Bremel* oder *Heggebeer* (›Heckenbeere‹).

Spannend ist die Bezeichnung des für den Salat verwendeten Löwenzahns. Der wird teils *Kuhblum* genannt, weil er, zwischen Gras stehend, auch von Kühen konsumiert wird. Er heißt aber auch *Kuh-* oder *Bettschisser* (›Kuh-/Bettscheißer‹) sowie *Bettseecher* (›Bettnässer‹). Angespielt wird dabei auf die verdauungs- und harntreibende Wirkung der Pflanze, die weitere Bedeutungen von *Bettseecher* zur Folge hat (siehe S. 86/87). Der beliebte Feldsalat wird in der Weingegend *Wingertsalat* (›Weinbergsalat‹), in anderen Ecken der Pfalz auch *Vielläbcher* oder *Ritscher* genannt. Beim Gemüse gibt es außerdem die *Zwiwwle* (›Zwiebeln‹), den *Reddich* (›Rettich‹) und die *Grummbeer* (›Kartoffel‹ bzw. ›Grundbirne‹). Die großknollige Futterrübe kann in der Ostpfalz *Dickrieb*, in der

Äbbel

Trauwe

Beer

Prumm

Persching

Heggebeer

mittleren Westpfalz um Kaiserslautern *Dickworzel*, weiter westlich und nördlich *Rummel* sowie im Süden *Saurieb* (Verwendungszweck: Schweinefutter) heißen. Gern gegessen wird *Gellerieb* (›Karotte‹, von ›gelbe Rübe‹), am liebsten als *Stambes* (›gestampftes Gemüse‹) pur oder unter Beimischung von Kartoffeln. Wie beliebt die Karotte ist, zeigt ein bekannter Spruch im Pfälzischen: »Immer hoch die Gellerieb!« Damit ist gemeint, dass man stets den Kopf hochhalten und positiv in die Zukunft blicken soll.

Guude!

Pfälzer Speisekarte

Auf der Speisekarte von pfälzischen Lokalen findet sich der Klassiker *Brotworscht* (›Bratwurst‹), gerne auch vom *Schwarzkiddl* (›Wildschwein‹). Auf alle Fälle sollte man den *Saumaache* (›Saumagen‹) kosten. Das ist ein mit Bratwurstmett, klein gewürfeltem Schweinefleisch, Kartoffeln und Kräutern gefüllter Magen eines Schweins. Der wird eine Stunde lang gekocht, dann in Scheiben geschnitten und meist gebraten. Dazu gibt es in der Regel Sauerkraut, serviert mit einem würzigen Bauernbrot, oder bei Bedarf auch noch mit *Gebrädelde* bzw. *Baggesgrummbeere* (›Bratkartoffeln‹). *Quellgrummbeere* oder *Gequellde* (›gekochte Kartoffeln‹) und *weißer Kees* (›Quark mit Gewürzen und Schnittlauch‹) sind ein einfaches Lieblingsgericht der Pfälzerinnen und Pfälzer.

Aus Kartoffeln werden auch Knödel gemacht, die dann *Hooriche* (›haarige Kartoffelknödel‹) heißen. Seit dem Mittelalter ist der Name *Knobb*, Plural *Knebb*, für ›Knödel‹ nachgewiesen, heute noch verwendet in der

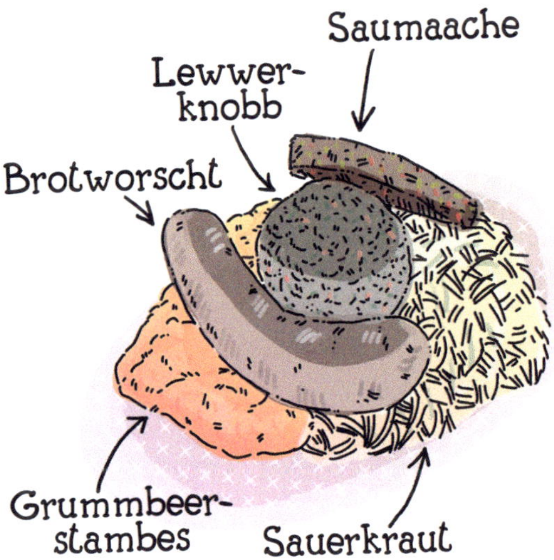

Pälzer Deller

Bezeichnung *Lewwerknobb* (›Leberknödel‹) und *Fleeschknobb* (›Fleischknödel‹). Letztere werden gerne serviert mit einer Meerrettichsoße und saurer Gurke. Der berühmte *Pälzer Deller* (›Pfälzer Teller‹), der auf Speisekarten auch »Pfälzer Himmelreich« genannt wird, ist eine Kombination aus *Saumaache*, *Brotworscht* und *Lewwerknobb* mit Kraut, Brot oder *Gebrädelde*. Der skurrile Ausdruck »Schiefer Sack« bezeichnet die Kombination von einem *Lewwerknobb* mit einer *Brotworscht*. Ein weiteres beliebtes Fleischgericht ist *Rindfleesch mit Meerreddichsooß* (›Rindfleisch mit Meerrettichsoße‹).

Das Elsass und die Pfalz sind verbunden in der Liebe zum *Flamm(e)kuche* in allen möglichen Varianten. Besonders beliebt ist er belegt mit kleinen, gehackten Speckwürfeln und Zwiebeln oder mit einem deftigen Münsterkäse. Ein leckerer Nachtisch ist ein flambierter Flammkuchen mit Apfelscheiben und Rosinen. *Dampnuudle* (›Dampfnudeln‹) werden knusprig gebraten entweder salzig mit *Grummbeersubb* (›Kartoffelsuppe‹) oder süß mit *Vanillsooß* (›Vanillesoße‹) oder *Woisooß* (›Weinsoße‹) gegessen. Wem nach Süßem zumute ist, der kann auch ein *Gutsl* (›Bonbon‹) lutschen oder sich *Sießschmeer* (›Marmelade‹) oder *Laddwerch* (›Obstmus, Zwetschgenmus‹) aufs Brot streichen. Die beliebtesten Kuchen in der Pfalz sind der *Quetschekuche* (›Zwetschgenkuchen‹) und der *Riwwelkuche* (mhd. *rîben* ›reiben‹), also der ›Streuselkuchen‹. Übrigens holt man beim Bäcker morgens keine Brötchen, sondern *Wegg*.

»Wie mer schafft, esst mer aa«, heißt es im Pfälzischen. (›Wer hart arbeitet, darf auch kalorienreiche Nahrung zu sich nehmen.‹) »Guude!« – Einen guten Appetit!

Brezelsupp

Kult um die Brezel

Brezeln haben in der Pfalz einen Kultstatus. Das liegt unter anderem am Speyerer Brezelfest, dem größten Volksfest am Oberrhein. In vielen Orten gehörten Brezelverkäufer früher zum Straßenbild, so in Mannheim, Ludwigshafen, Speyer und in Kaiserslautern, wo die lebensgroße Bronzefigur des »Brezel-Adam« in der Fußgängerzone an einen legendären Verkäufer und den Berufsstand erinnert. Mittelalterliche Brezelsymbole finden sich eingeritzt an der Marktseite der Stiftskirche zu Neustadt an der Weinstraße, die auf sehr frühe Bäckerstände hinweisen. Es gibt die Brezel in salziger, aber auch als Neujahrsbrezel in süßer Form. Abgeleitet wird der Name vom lateinischen Wort für ›Arm‹ (lat. *brachium*), vermutlich von den verschränkten Unterarmen als Vorbild für die Brezelarme. Im Althochdeutschen entwickelten sich daraus *brezzila*, auf das die Form *Brezel* zurückgeht, und *brezzita*, welches im Schwäbischen noch in den Varianten *Brezet*, *Bretzg* oder *Bretzga* erkennbar ist. Das erste *e* wird kurz gesprochen, wogegen man es im norddeutschen Sprachraum lang spricht.

Im Pfälzerwald gibt es die Tradition, dass Kinder von ihrer *Good* (›Patentante‹) am Neujahrsmorgen eine süße Brezel aus Mehl, Butter, Zucker, Hefe und Milch geschenkt bekommen. Dafür sagen die Kinder das folgende Gedicht auf: »Proscht, gemoje im Nei Johr! E Brezel wie e Scheierdoor, e Kuche wie e Waansraad, doo wer' mer all' minanner satt!« (›Prost, guten Morgen im neuen Jahr!

Salzbrezel und Speyerer Brezelsupp

Ich wünsche dir eine Brezel so groß wie ein Scheunentor, einen Kuchen so groß wie ein Wagenrad, da werden alle miteinander satt!‹) Beim Speyerer Brezelfest gibt es übrigens die berühmte *Brezelsupp* (›Brezelsuppe‹). Sie besteht aus trockenen Brezeln vom Vortag. Diese werden in kleine Scheiben geschnitten, geröstet und in einem Sud aus Pfälzer Riesling, Gemüsebrühe, Butter, Mehl und Sahne sowie Gewürzen und Schnittlauch gekocht.

Wingert, Woi un Dubbeglas

Weinbau und Weingenuss

Die Pfalz ist eine Region der Weinsuperlative mit dem größten Weinfest (Bad Dürkheimer Wurstmarkt), dem größten Weinfass (Bad Dürkheim, 1 700 000 Liter Fassungsvermögen) sowie dem größten Winzerumzug der Welt, dem Krönungsort der Deutschen Weinkönigin und dem »Walk of Fame« des Weins (Letztere alle in Neustadt an der Weinstraße). An der römischen Weinkelter Weilberg (Ungstein) kann man den römischen Weinbau studieren. Der Ausdruck *Woi* (›Wein‹, in der Südpfalz *Wai*) kommt vom Lateinischen *vinum*. Der Ausdruck *Weinberg* wurde durch Martin Luthers Bibelübersetzung verbreitet. Im pfälzischen Sprachraum hingegen verwendet man noch das im mittelhochdeutschen *wîngarte* (›Weingarten‹) wurzelnde pfälzische Wort *Wingert*. Um eine Flasche zu öffnen, muss man den *Stobbe* oder *Stubbe* (›Korken‹ bzw. ›Verschluss‹) entfernen.

Beim Weingenuss wird eher ein trockener Wein bevorzugt, den man mit dem derben Ausdruck *forzdrogge* (›furztrocken‹) bestellt. Süßer Wein oder eine Schorle mit süßem Sprudel werden hierzulande eher kritisch gesehen, besonders der bzw. die *babbsieße* (›klebrig süße‹). So gilt *Sießschorleschlozer* (›Trinker einer süßen Weinschorle‹) als Schimpfwort. Im Herbst gibt es den neuen Wein, der in der Pfalz *Bitzler* heißt und gern mit *Keschde* (›Esskastanien‹) gegessen wird. In der Beschreibung von Weinen ist *bitzlich* eine Bezeichnung für einen säurehaltigen Wein, *bissisch* meint einen ›bissig-herben‹ und *blumisch* einen, der ›gehaltvoll-blumig‹ schmeckt. Wenn ein Wein kaum Geschmack hat, sagt man *maacher* (›mager‹) oder *mied* (›müde‹). Aromen werden gerne durch Fruchtnoten beschrieben, zum Beispiel *ään Hauch vum Abbel* (›ein Hauch von Apfel‹) oder *vum Persching* (›von Pfirsich‹). Der Abgang eines Weines wird *Woischwanz* (›Weinschwanz‹) genannt.

Pfälzer Schoppen

Schobbe (›Schoppen‹) bezeichnet eine Maßeinheit und ein Gefäß. Sprachlich kann er aus dem französischen Flüssigkeitsmaß (frz. *chopine* oder *chaupine*) und dieses wiederum vom mittelniederdeutschen Wort *schope* für ›Schöpfkelle‹ hergeleitet werden. In der Pfalz ist die Maßeinheit Schoppen ein halber Liter, während sie in Franken und Württemberg für einen Viertelliter steht.

Pälzer Schobbe im Dubbeglas

In Rheinhessen und in Mainz entspricht ein Schoppen dem Inhalt von 0,4 Litern (Mainzer Stange). Vor der Einführung des metrischen Systems nach 1872 war das Volumen eines Schoppens in der Pfalz noch 0,564 Liter. Als Anfang der 1980er-Jahre in der Region Gastwirte ein 0,4-Liter-Glas als Schoppen einführen wollten, provozierte dies Widerstand in der Bevölkerung. Am Ende blieb es in der Pfalz beim Schoppenmaß von 0,5 Litern. Das Schoppendenkmal in Maikammer mit der Aufschrift »Pfälzer Schoppen – Maß aller Dinge« erinnert an den damaligen Streit. Historisch ist auch die Bezeichnung *Schobbestecher* für Weintrinker aus einem Schoppenglas belegt. Schon Friedrich Engels schrieb zum Aufstand der Pfälzer gegen die Bayern in der Revolution von 1848/1849, man habe »sich endlich einmal die schwerfälligen, pedantischen altbayrischen Bierseelen vom Halse geschafft und an ihrer Stelle fidele pfälzische Schoppenstecher zu Beamten ernannt«.

Getrunken wird der Schoppen am liebsten aus dem Dubbeglas. Dies hat die Form eines umgekehrten Kegelstumpfes mit *Dubbe* (›Tupfen‹). Diese kreisförmigen Vertiefungen im Glas sind gegossen oder eingeschliffen und verleihen ihm Griffigkeit, besonders beim zeitgleichen Konsum von Wurst- und Fleischwaren auf einem Weinfest. Es gibt Gläser mit oder ohne Aufschrift, sodass die Zahl der *Dubbe* von 28 bis 38 variieren kann. Bereits die Römer kannten eine Dubbeglasform, was ein Fund aus Gönnheim bei Bad Dürkheim aus dem vierten Jahrhundert belegt; die römischen Tupfen waren jedoch aufgesetzt. Heute ist das Dubbeglas Kultobjekt und sogar zum Symbol für die Pfalz geworden. Auf T-Shirts oder Mützen, als Schmuckstück oder als Tattoo demonstrieren Pfalzliebhaberinnen und

Pfalzliebhaber durch das Dubbeglas ihre Liebe zur Region. Das größte Dubbeglas der Welt entstand 2018 und findet sich weithin sichtbar an der Ortseinfahrt von Hambach mit Blick auf das Hambacher Schloss. Die Metallkonstruktion mit Weinrebstöcken ist 3,5 Meter hoch, 700 Kilo schwer und fasst 9000 Liter.

Elwetritsche fange!

Pfälzer Fabelwesen

In einer fantasieanregenden Region wie der Pfalz gibt es natürlich auch fantastische Tierwesen. Wenn Kinder ungern in den Wald wandern gehen, lockt man sie mit dem Satz: »Mer gehn Elwetritsche fange!« Sie sind eine Mischung aus Haus- und Waldtieren sowie Elfen, Feen, Kobolden und Wichteln. Regional unterschiedlich können sie auch *Elwedritsch*, *Elwetrittsch* oder *Ilwetritsche* heißen. Bei *Tritschologen* (›Elwetritschen-Forscherinnen und -forschern‹) wird das Wesen als *Bestia Palatinensis* (›pfälzisches Tier‹) bezeichnet.

Zur Herkunft des Namens gibt es verschiedene Theorien. So könnte der erste Namensteil von den *Elfen* bzw. *Elben* abgeleitet sein, den Waldgeistern aus der germanischen Mythologie. Beim Wortteil *-tritsch* liegt die Verbindung zu *-tritt* und somit zum *Hahnentritt* nahe, womit in der Biologie das Ergebnis einer Begattung der Henne durch den Hahn gemeint ist. Ein *Elbentritt* würde somit auf die

Das fantastische Tierwesen der Pfalz:
die Elwetritsch

Kreuzung zwischen Tier und Elfe als Ursprung der *Elwetritsche* anspielen. Michael Werner leitet die Bezeichnung von *Albdrude* ab (gotisch *trudan* ›treten‹). Damit verbunden ist die Vorstellung, dass der Tritt einer Elfe verrückt machen könne.

Ein beliebtes Fanglied für Elwetritschen lautet:
»Elwetritsche fange gehn mer in de Nacht,
mit Stegge un mit Stange werd Radau gemacht.
Äner, der derf funkle mit soiner Ladern,
hockt allä im Dunkle, sieht bloß noch die Stern.
Wann die Elwetritsche kummen aussem Busch,
muss er se verwitsche, in de Sack, husch, husch.«
(›Elwetritschen fangen gehen wir in der Nacht,
mit Stecken und mit Stangen wird Lärm gemacht.
Einer darf leuchten mit seiner Laterne,
sitzt allein im Dunkeln und sieht nur noch die Sterne.
Sobald die Elwetritschen kommen aus dem Busch,
muss er sie erwischen, in den Sack, husch, husch.‹)

Wenn übrigens über jemanden gesagt wird, *mit dem* oder *der kammer Elwetritsche fange* (›mit ihm oder ihr kann man Elwetritschen fangen‹), bedeutet das, dass die Person besonders leichtgläubig ist.

Uralt Mensche-Ursprungs-Schproch

Pfälzisches Selbstbewusstsein

Pfälzerinnen und Pfälzer strahlen oft ein großes Selbstbewusstsein aus, sowohl in Hinblick auf ihre Heimat Pfalz als auch auf ihre Sprache. Das hat sicher mit der Schönheit der Region zu tun: Man denke an die Deutsche Weinstraße mit ihrem mediterranen Klima, an den Pfälzerwald als größtes zusammenhängendes Waldgebiet Deutschlands oder an die erfrischenden Seenlandschaften am Rhein. Besonders Literatinnen und Literaten stimmen immer wieder Loblieder auf die Region an, aber keiner tat dies so eindringlich und nachhaltig wie Paul Münch (1879–1951). In seinem Werk »Die pälzisch Weltgeschicht« (1909) besang er die Pfalz als Paradies: »Ei jo! De liewe Gott, der lacht noch heit, wann er sei Palz betracht, dann vun de Schöpfungssache all is die am beschte ausgefall [...]. Un wie die Welt ganz fertig war un alles scheen un wunnerbar, do sa't er mit 'me stolze Blick: ›Die Palz, das is mei Meeschterstick, mer merkt, daß ich allmächtig bin, do mach ich's Paradies enin.‹« (›Ja, der liebe Gott, der lacht noch heute, wenn er seine Pfalz betrachtet, denn von der gesamten Schöpfung ist diese am besten geraten. Als die Welt nämlich fertig war und alles war schön und wunderbar, da sagt er mit einem stolzen Blick: Die Pfalz, das ist mein Meisterstück. Man merkt, dass ich allmächtig bin, dort lege ich das Paradies hinein.‹) Der Paradiesbrunnen in Neustadt an der Weinstraße ist ein Symbol für den Stolz der Pfälzerinnen und Pfälzer auf ihre Heimat.

Paul Münch blickte auch selbstbewusst auf das Pfälzische selbst. Er tat dies, indem er die biblische Geschichte vom Turmbau zu Babel, der angeblich die heutige Sprachenvielfalt ausgelöst hat, neu interpretiert: »Die Sprochverwerrung awer hat, ee große Nochdeel, ewig schad! Grad nor meer Pälzer schwätze noch, die uralt Mensche-Ursprungs-Schproch. Un all die annre fremde Leit, die babbele seit seller Zeit ehr Schproche, wo kee Mensch versteht, die arme Kerl, die dumer leed, die misse sich ehr Maul verstauche, an Schproche, wo kee Penning dauge.« (›Die Sprachverwirrung hatte aber einen großen Nachteil, was sehr schade ist. Nur noch wir Pfälzer sprechen noch die uralte Ursprungssprache der Menschheit. All die anderen fremden Leute sprechen seit dieser Zeit Sprachen, die kein Mensch versteht. Die armen Menschen tun mir leid, denn sie müssen sich ihren Mund verstauchen an Sprachen, die keinen Pfennig taugen.‹) Wie schwer es ist, dialektale Sprache zu Papier zu bringen, erkennt man daran, dass Paul Münch im selben Gedicht *Sproch* und *Schproch* schreibt. In der Forschung wird heute die Schreibweise *Sproch* bevorzugt (siehe S. 58).

Nun mag man über dieses Selbstbewusstsein erstaunt sein: Die Pfälzerinnen und Pfälzer setzen noch eins drauf. Sie behaupten, ebenfalls angeregt von Paul Münch, dass die Pfalz sogar der Mittelpunkt der Welt sei. Dafür gibt es ein Denkmal: die *Pälzer Weltachs* (›Pfälzische Weltachse‹) bei Waldleiningen auf einem Berg namens »Kleiner Roßrück«, von dem aus der Dichter Münch gerne Richtung Kaiserslautern blickte. Auf Sandsteinfindlingen steht eingemeißelt: »Do werd die Weltachs ingeschmeert un ufgebasst, dass nix passeert« (›Hier wird die Weltachse eingeschmiert und aufgepasst, dass nichts passiert‹). Eingeschmiert wird diese Weltachse übrigens mit einem feinen Riesling aus der Pfalz!

Mittelpunkt der Welt:
die *Pälzer Weltachs* bei Waldleiningen

Zum Schluss – Alla hopp!

Die Zukunft der Mundart Pfälzisch

Über das Pfälzische wird immer wieder gesagt, dass es wohl nicht mehr lange existieren wird. So hat 2014 die Gesellschaft für bedrohte Sprachen e. V. in Köln vor dem Verschwinden des Pfälzischen gewarnt. Doch lebt die Mundart weiter, und das auch weltweit durch seine Sprachinseln.

Mundartliteratur

Beeindruckend ist die große Zahl an Literatinnen und Literaten, die sich in Mundart ausdrücken. Die Mundartliteratur reicht zurück bis in die Mitte des 19. Jahrhunderts, beginnend mit dem ostpfälzischen Dichter Franz von Kobell (1803–1882) und dem Westpfälzer Ludwig Schandlein (1813–1894). Heute noch im Buchhandel ist das viel zitierte Werk »Die pälzisch Weltgeschicht« von Paul Münch. Beliebt sind die humorvollen Gedichte der aus Speyer stammenden Lina Sommer. Sie hat durch ihr Gedicht »Unser Pälzer Ländche« (»'s gibt kää schääner Ländche, 's gibt kää liewer Ländche, als die klää[n], die goldig Palz am Rhei[n]«) eine der großen Hymnen auf die Pfalz verfasst. Bücher des »Bellemer Heiner« genannten August Heinrich aus der Südpfalz, von Ludwig Hartmann aus Speyer, Hanns Glückstein aus Mannheim, Helmut Metzger aus Bad Dürkheim, Paul Tremmel aus

Forst, Susanne Faschon aus der Westpfalz, Gerd Runck aus Landau-Godramstein sowie Hunderter weiterer Mundartautorinnen und -autoren zieren die Bücherregale. Auch Kinder werden schon früh, Walter Sauer und seiner »Edition Tintenfaß« im kurpfälzischen Neckarsteinach sei gedankt, durch Werke wie »Max und Moritz«, »Struwwelpeter«, »Pu der Bär«, Janoschs »Oh, wie schön ist Panama« oder »Der kleine Prinz« *uff Pälzisch* an die Sprache der Region herangeführt. Ein Ende des Bücherschreibens in pfälzischer Mundart ist jedenfalls nicht in Sicht.

Hilfreich ist das Erscheinen regelmäßiger Mundartkolumnen in den regionalen Tageszeitungen. In der Sonntagsausgabe von »Die Rheinpfalz« erscheint seit über 15 Jahren jede Woche die Kolumne des Redakteurs Michael Konrad. Er fordert die Leserinnen und Leser immer wieder auf, pfälzischen Ausdrücken auf die Spur zu kommen. Zuvor bereits erschienen Kolumnen in Regionalausgaben wie die von Herrmann Josef Settelmeyer (Südpfalz) und von Ute Zimmermann (Rhein-Pfalz-Kreis).

Glücklicherweise steht die Erforschung des Pfälzischen nicht in den Anfängen. Mit dem »Pfälzischen Wörterbuch« liegt ein monumentales sechsbändiges Werk vor, an dem sich dieses Buch orientieren konnte. Es entstand zwischen 1912 und 1998 unter der Leitung von Ernst Christmann (Bearbeiter 1925–1935), Julius Krämer (Bearbeiter 1954–1981) und Rudolf Post (Bearbeiter 1981–1998). Letzterer gab 2023 mit der dritten Auflage seines 1990 erstmals erschienenen Werks »Pfälzisch – Sprachkultur in der Pfalz und der Kurpfalz« ein aktuelles wissenschaftliches Handbuch heraus, das zur vertiefenden Lektüre empfohlen wird.

Pfälzisch auf Bühne und Kanzel

Pfälzische Theaterstücke werden auf vielen Mundartbühnen der Region in der Regel vor ausverkauftem Haus aufgeführt, ob im Prinzregententheater im Ludwigshafener Stadtteil Hemshof, im Boulevardtheater Deidesheim oder bei Laienschauspielgruppen wie »Die Groddegiexer« aus Neustadt-Gimmeldingen. Selbst das Pfalztheater in Kaiserslautern hat sich, mit großem Erfolg, an die Aufführung von Mundartstücken herangewagt. Eine wichtige Rolle spielt auch die Musik in Pfälzer Mundart, die durch die Tonträger und Fernsehauftritte des aus Leistadt bei Bad Dürkheim stammenden Kurt Dehn (1920–2000) überregional bekannt wurde. Besonders seine Lieder »Ja so en gude Palzwoi« oder »In de Palz geht de Parre mit de Peif in die Kerch« gehören noch heute zum musikalischen Repertoire bei Volksfesten. Die in Mannheim lebende Nordpfälzerin Joy Fleming (1944–2017), die 1975 beim Eurovision Song Contest für Deutschland sang, war für ihre jazzigen Mundart-Interpretationen bekannt, so z. B. im »Neckarbrückenblues« von 1972. Seit 1995 stellt die Band »Die anonyme Giddarischde« unter Beweis, dass Mundart auch pop- und rocktauglich ist, und wurde dafür 2023 in Bockenheim mit einem Mundartpreis geehrt. Die aktuelle musikalische Bandbreite bewegt sich zwischen hartem Pfalzrock der Band Fine R.I.P. mit Leadsänger Monji El Beji über den Blues von Gringo Mayer bis zu den nachdenklichen Baladen des Liedermachers Uli Valnion.

Einem größeren Publikum ist der Pfälzer Dialekt bekannt durch den Mannheimer Bülent Ceylan, der seine Sprache allerdings »Monnemerisch« nennt. Regional eine Bühnengröße ist der ebenso aus Mannheim stammende

Christian »Chako« Habekost, der mit viel Selbstironie seine Mundart humorvoll reflektiert. Dass das Pfälzische auch die große Kinoleinwand erreichen kann, zeigte der Film »Hiwwe wie Driwwe« des Filmemachers Benjamin Wagener von 2019, dem 2024 der zweite Teil folgt. In den großen Kinopalästen in der Region hatte der Film über die Verbindung von Pennsylvaniadeutsch und dem Pfälzischen (siehe S. 45/46) Blockbuster wie den aktuellen James-Bond-Film bei den Besucherzahlen ausgestochen.

Eine besondere Rolle spielen die Gottesdienste in Mundart, die mit dem Markenzeichen »Kerch uff Pälzisch« beworben werden und über die Maßen gut besucht sind. Natürlich gibt es hierfür sogar mehrere Versionen einer »Bibel uff Pälzisch«, die den Predigerinnen und Predigern auf der Kanzel helfen, sowie das Buch »Kärchejohr« als Leitfaden für die Liturgie.

Mission Mundart

Mut machen Zukunftsinitiativen wie die »Mission Mundart« der Verbandsgemeinde Dannstadt-Schauernheim. Dahinter steckt eine Selbstverpflichtung, sich in allen Bereichen intensiver darum zu kümmern, dass dem Pfälzischen mehr Raum geschaffen wird. Flankiert werden solche Bemühungen auch von der Geschäftswelt, wenn beispielsweise Schilder bei der Lebensmittelkette »Edeka« teils in Mundart gestaltet sind. Neben Vorträgen an der Volkshochschule, Lesungen und Konzerten bildet eine Basis der Mundartwettbewerb »Dannstadter Höhe«, der seit 1988 jährlich ausgerichtet wird. Der Mundartdichterwettstreit in Bockenheim ist sogar wesentlich älter, er entstand 1953. Ein dritter Mundartwettbewerb ist der Sickinger Mundartdichterwettstreit in der Südwestpfalz, der allerdings nur alle zwei Jahre ausgetragen wird. Vielfach preisgekrönte Mundartgrößen wie Helga Schneider, Renate Demuth, Manfred Dechert, Matthias Zech, Norbert Schneider, Edith Brünnler, Gerd Becht, Gisela Gall oder Hermann Josef Settelmeyer haben sich hier einen Namen gemacht.

Einen wichtigen Einfluss für die Akzeptanz des Pfälzischen haben auch die Schulen. So gibt es lange bereits Initiativen und Lernmittel für das Pfälzische, beispielsweise ein Sprachheft für den Deutschunterricht von Beate Henn (1980). Grundlagenliteratur des an der heutigen Universität Landau tätigen Nikolaus Hofen, der auch dem Mundartwettbewerb »Dannstadter Höhe« als Jurysprecher vorstand, forderte das Schulsystem auf, eine Offenheit für die Mundart zu zeigen.

Was geschieht, wenn Mundartsprecherinnen und -sprecher ihr Pfälzisch zwanghaft unterdrücken? Am Beispiel *sch* versus *ch* erkennt man diesen Korrekturversuch besonders gut. Der aus der Ostpfalz stammende ehemalige Bundeskanzler Helmut Kohl war nicht nur bekannt für seine »Saumagen-Diplomatie«, bei der er Staatsgäste in Deidesheim mit der pfälzischen Nationalspeise beglückte, sondern man hörte immer wieder, dass er das Wort *Geschichte* als *Gechichte* wiedergab. Dahinter steckt bei dialektal denkenden Menschen der Wunsch, die *sch*-Aussprachen, die im Pfälzischen häufig anstelle von *ch* stehen, zu vermeiden. Für Pfälzerinnen und Pfälzer wie für Außenstehende wirkt dieses Hyperkorrektur genannte Verhalten gleichermaßen *komich*.

Es steht außer Frage, dass sich das Pfälzische verändert, aber auch neu etabliert. Welche Form das Pfälzische der Zukunft haben wird, ist allerdings nur zu erahnen. Wie zuvor gezeigt, werden knorrige Formen wie die Rhotazismen in *Borrem* (›Boden‹) vermutlich kaum eine Chance haben. Oder vielleicht doch? Es gibt jedenfalls auch den gegenläufigen Trend, dass sich bestimmte dialektale Merkmale ausbreiten. Während im 19. Jahrhundert am Rhein nur vereinzelt die Form *isch* (›ich‹) vorkam, ist sie nun überall im pfälzischen Sprachraum, vor allem im städtischen Umfeld von Mannheim, verbreitet. Zu erwähnen ist auch die Beobachtung, dass das Dialektwort *Gaul* im ersten Sprachatlas 1888 nur vereinzelt am Rhein vorkam, nun aber überall in den pfälzischen Wortschatz eingedrungen ist. Es werden, wie in der Standardsprache, ungebräuchlich gewordene Wörter wie der *Botschamber* (›Nachttopf‹) oder die landwirtschaftlichen Differenzierungen von Tieren verschwinden, doch bleibt eine grundsätzliche Sprachfärbung sowie ein Grundbestand an Ausdrücken und Wörtern sicher erhalten.

Gründe für die Zukunftsfähigkeit

Gründe dafür, dass das Pfälzische auch in weiter Zukunft noch existieren wird, gibt es viele. Spannend ist hierbei der Blick auf die Wurzeln des Pfälzischen. Die liegen in einer germanischen Sprache, dem Rheinfränkischen, in den romanischen Sprachen Latein und Französisch sowie in einer semitischen Sprache, erkennbar am hohen Anteil an hebräisch-jiddischen Wörtern und Redewendungen im Pfälzischen. Ist gerade die Offenheit, die das Pfälzische bei der

Integration von Sprachen gezeigt hat, nicht ein Zeichen für die Flexibilität und Zukunftsfähigkeit des Pfälzischen?

Ein wesentlicher Grund ist aber auch, dass wir in einer Zeit leben, in der viele ihre Heimat aufgrund von Not und Krieg verlassen müssen, und man sich nach Sicherheiten im eigenen Umfeld sehnt. Sprache kann Heimat sein, das haben Generationen von Auswanderern aus der Pfalz erfahren, daher gibt es die Sprachinseln des Pfälzischen in der Welt. Aber auch für die, die in der Pfalz gelandet sind, ist das Pfälzische ein Symbol für die neue Heimat.

So soll am Ende ein Ausdruck stehen, der für die Pfalz von heute typisch ist: »Alla!« (siehe S. 11/12 u. 34). Vielfältig wird *alla* heute eingesetzt, so als *alla guud* (›also gut‹), wenn man etwas für in Ordnung hält, oder als *alla dann*, wenn man im Gespräch weiterkommen möchte. *Alla* bildet quasi das Schlagwort für eine positiv-optimistische Grundhaltung der Pfälzerinnen und Pfälzer, auch in Bezug auf ihre Sprache. So kann ein »Jo alla!« tröstend heißen: ›Reiß dich am Riemen! Lass dich nicht hängen! Es wird schon nicht so schlimm werden!‹ Gleichzeitig hat »Alla hopp!« einen auffordernden Charakter: ›Auf geht's, auf zu neuen Ufern, dem Horizont und der Zukunft entgegen!‹

In diesem Sinne: »Alla dann – alla hopp!«

Literatur

Beckmann, Jürgen / Kliewer, Heinz-Jürgen (Hrsg.) (1997): *Ich redd mein Muddersprooch.* Landau: Pfälzische Verlagsanstalt.

Bräutigam, Urt / Sauer, Walter (2006): *Mach kä Sprisch. Mundartliche Redewendungen aus Mannheim, der Kurpfalz und der Pfalz.* Neckarsteinach: Edition Tintenfaß.

Defoe, Daniel (2017): *Kurze Geschichte der pfälzischen Flüchtlinge.* 2. Auflage. München: DTV.

Donmoyer, Patrick / Werner, Michael (seit 1997): *Hiwwe wie Driwwe. Die Pennsylvanisch-Deitsch Zeiding.* Kutztown: Pennsylvania German Cultural Heritage Center.

Frey, J. William (1985): *A Simple Grammar of Pennsylvania Dutch.* Lancaster (USA): Brookshire Publications.

Habekost, Christian (2019): *Gebrauchsanweisung für die Pfalz.* 3. aktual. Auflage. München: Piper.

Henn, Beate (1980): *Pfälzisch* (= Dialekt/Hochsprache. Kontrastiv. Sprachhefte für den Deutschunterricht, 7). Düsseldorf: Pädagogischer Verlag Schwann.

Himmighöfer, Traudel / Landgraf, Michael / Stüber, Gabriele (2003): *Pfälzische Kirchengeschichte multimedial.* Ubstadt-Weiher: regionalkultur.

Kiefer, Thomas / Landgraf, Michael (2014): *Kärchejohr. Begegnungen mit dem Kirchenjahr in Pfälzer Mundart.* Neustadt an der Weinstraße: Agiro.

Kohnle, Armin (2014): *Kleine Geschichte der Kurpfalz. Land am Rhein und Neckar.* Karlsruhe: Lauinger.

Konrad, Michael (2021): *Saach blooß. 258 Geheimnisse des Pfälzischen von RHEINPFALZ-Lesern enträtselt.* Annweiler: Lipplerbookz.

Konrad, Michael (2022): *Können Sie Pfälzisch? Der ultimative Test in 50 Fragen.* Annweiler: Lipplerbookz.

Landgraf, Michael (2014): *Pfälzisch. Einführung für Einheimische und Fremde.* Neustadt an der Weinstraße: Agiro.

Landgraf, Michael (2017): *Weisheiten uff Pälzisch.* Mannheim: Wellhöfer.

Landgraf, Michael (2020): *P(f)älzer Weihnachten.* Neustadt an der Weinstraße: Agiro.

Landgraf, Michael (2023): *Die fabelhafte Welt der Elwetritsche.* Neustadt: Edition NeaPolis.

Landgraf, Michael / Hollerith, Erich (2024): *Bibel uf Pälzisch. Biblische Geschichten in Pfälzer Mundart.* 3. Auflage. Ubstadt-Weiher: regionalkultur.

Langenscheidt Lilliput Pfälzisch (2021). Originaltext von Dr. Sigrid Bingenheimer. Stuttgart: PONS.

Marx, Karl / Engels, Friedrich (1960): *Die deutsche Reichsverfassungs-kampagne.* In: Werke, Band 7. Berlin/DDR: Dietz, S. 109–197.

Metzger, Helmut (1982): *Ur-Pälzisch.* Karlsruhe: Badenia.

Münch, Paul (1910): *Die pälzisch Weltgeschicht.* Kaiserslautern.

Pfälzisches Wörterbuch. Begründet von Ernst Christmann. Fortgeführt von Julius Krämer. Bearbeitet von

Rudolf Post. Unter Mitarbeit von Josef Schwing und Sigrid Bingenheimer. 6 Bände und ein Beiheft. Stuttgart 1965–1998.

Post, Rudolf (2007): *Kleines pfälzisches Wörterbuch: Pfalz und Kurpfalz.* Neckarsteinach: Edition Tintenfaß.

Post, Rudolf (2012): *Allminanner. Sechs Jahrzehnte Pfälzischer Mundartdichterwettstreit in Bockenheim an der Weinstraße.* Neckarsteinach: Edition Tintenfaß.

Post, Rudolf (2023): *Pfälzisch. Sprachkultur in der Pfalz und der Kurpfalz.* Neckarsteinach: Edition Tintenfaß.

Rothenberger, Karl H. / Scherer, Karl / Staab, Franz / Keddigkeit, Jürgen (Hrsg.) (2001): *Pfälzische Geschichte* (Band I und II). Kaiserslautern: Institut für Pfälzische Geschichte und Volkskunde.

Schneider, Erich (1992): *Die Entdeckung der Pfalz. Reisebilder zwischen 1789 und der Mitte des 19. Jahrhunderts.* Landau: Pfälzische Verlagsanstalt.

Seebach, Helmut (2020): *Kleine Kulturgeschichte Europas. Das Erbe der Schweizer Reformation.* Mainz: Bachstelz.

Sommer, Lina (1933): *Pälzer Haus-apothek.* Ludwigshafen: Waldkirch.

Tremmel, Paul (2003): *1000 Worte Pfälzisch mit Schimpfwörterlexikon.* Neustadt an der Weinstraße: Meininger.

Wenker, Georg (1888–1923): *Sprachatlas des Deutschen Reichs.* Marburg: Handgezeichnet. Digitalisiert unter https://regionalsprache.de/.

Werner, Michael (2021): *Hiwwe wie Driwwe: Der Pennsylvania Reiseverführer.* Neustadt an der Weinstraße: Agiro.

Erwähnte Lieder und Filme

»Palzlied« – Die anonyme Giddarischde
Text und Musik: Lange, Merz, Nagel
© 2015 GIM Records

»Ja so en gude Palzwoi« – Kurt Dehn
Text und Musik: Dehn
© 2004 Tyrolis Music

»In de Palz geht de Parre mit de Peif in die Kerch« – Kurt Dehn
Text und Musik: Dehn
© 2003 Bogner Records

»Neckarbrückenblues« – Joy Fleming
Text und Musik: Metz, Schäuble, Strube, Heck
© 1992 Global Records

»Hiwwe wie Driwwe – Pfälzisch in Amerika«
Regie: Christian Schega, Benjamin Wagener
© 2019 Cinewa Filmproduktion, Calimedia

»Hiwwe wie Driwwe 2 - Als ob emol ned gelangt hädd!«
Regie: Benjamin Wagener
© 2024 Cinewa Filmproduktion
https://www.hiwwewiedriwwe.com

Pfälzisches Abc

viel verwendeter Wörter

a, aa, auch **ach:** auch
Aache, Ä[ä]che, auch **Aa, Aue:** Auge
ä[ä]ns, auch **ans:** eins
Abbord: Toilette
allä[ä]: allein, von selbst
Alla dann!: Na dann! Auf Wiedersehen!
Alla [hopp]!: Auf geht's! Also gut!
all[all]: leer, aufgebraucht
allweil: soeben, gerade
Amenz, Äämenz, auch **Imenz, Omenz, Umenz:** Ameise
annerscht: anders, verschieden
Baa, Bää: Bein
Baam, Bääm: Baum
Baba, Babbe: Papa, Vater
babbeln, babble: reden, sprechen
babbisch: klebrig
Bagaasch: Leute; Verwandtschaft
bebbern: sich beschweren, motzen
Beer: Birne; Beere; männliches Schwein
Bettseecher/-in: Löwenzahn; Bettnässer/-in; Feigling
bissel, bissi: (ein) bisschen
bittschää: bitte schön
bleed: dumm
Blunz: Blutwurst; dummer Mensch
Bobbel, Bobbel[s]che: Baby, Kleinkind
Bobbes: Hinterteil, Popo
Bolle: Kugel; Eiskugel
Borsch: junger Mann
Botschamber: Nachttopf
bressiere: es eilig haben, eilen
Brie: Brühe; Schweiß; Getränk (abwertend)
bussiere: küssen; eine Liebschaft haben
Buu, auch **Bub:** Junge
dabber: aufrecht, tapfer
Dabbes: Tollpatsch
dabbisch: dämlich, ungeschickt
Debbich: Teppich; Wolldecke
Deer, auch **Door:** Tür, Tor
Deez: Kopf
dehääm, dehaam: zu Hause
desdeweeche: deshalb
dewedder: dagegen
Dibbelschisser/-in: übergenauer Mensch
dischbidiere: disputieren, streiten
doddelich: weich; wackelig; platt
dodebei: dabei
dodefor: dafür
dodemit: damit
dodenoch: danach
dodezu: dazu
dohie: dahin
Dollbohrer/-in: ungeschickter, schlichter Mensch
donkschää: danke schön
dorthie: dorthin
draalange: hinlangen; helfen
Dranfunzel: unmotivierter Mensch
drei Verddl: drei Viertel, 15 Minuten vor (Uhrzeit)
drowwe: oben
drunne: unten
Druschel, auch **Grusselbeer:** Stachelbeere
Dubbe: Punkt, Tupfen
Dubbeglas: Kulttrinkgefäß
dummbabbeln: schlecht über jmdn. reden
duschber: dunkel, düster; mystisch; still
dusmo: langsam
ebbes: etwas
Elwetritsch: fantastisches Tierwesen
Erbsezehler/-in: Geizhals
Ferz: Unnötiges
Ferzmacher/-in: Großmaul
Fisimatende: Sperenzchen
Gass: Straße, Gasse
Gebrädelde: gebratene Kartoffeln
Geedel, auch **Good:** Patentante
Geelfießler/-in: Badener/-in
Geeß, auch **Gääß, Bartkuh:** Geiß, Ziege
Gell?: Nicht wahr? Oder?
Gellerieb: Karotte, Möhre
Gequellde: gekochte Kartoffeln
Gift[n]iggl: heimtückischer Mensch
Gligger: Murmel
Goggl: Hahn
goldisch: golden; süß; geliebt
Gosch: Mund (abwertend)
Gradseläädl!: Dem Leiden zum Trotz!
Griwwelbisser/-in: übergenauer Mensch
groine: weinen
Grummbeer: Kartoffel
gugge: schauen
Guggemoldoo!: Schau mal da!
Guts[e]l, Gutsje: Bonbon

Hammers?: Haben wir es? Sind wir fertig?
Hawwegugger/-in: neugieriger Mensch
heewe, auch **hewwe:** heben; etwas halten
Herrgottsveelche: Marienkäfer
Herzkersch: Herzkirsche (Kosewort)
Hinkel: Huhn
hogge: sitzen, hinsetzen
Hoordieb/-in: Friseur/-in
hubse: springen
huddle: schnell machen, hektisch sein
iwwerallhie: überallhin
iwwerzwerch: übermotiviert, aufgedreht
jo, auch **ajo, hajo:** ja
Kafrus: sonderbarer Mensch
Kärch, Kerch: Kirche
Kerwe: Kirchweih, Dorffest
Keschde: (Ess-)Kastanie
kloor: gut, angenehm
Knobb: Knödel (z. B. Lewwerknobb)
knoddern: überkritisch sein
Kommerlosse!: Es ist gut! Kann man lassen!
kraggeele: laut schreien
Krischer/-in: Kreischer/-in; Schreihals
Kummgehfort!: Kaum zu glauben! Echt?
lääde: leiden, ein Leiden haben
Labbeduddel: willenloser Mensch
Laddwerch: Obstmus
lammentiere: wehklagen
Ländche, Lännel: Ländchen; die Pfalz
letz: verkehrt
Lochel, Logel, Lool: Traubentragegefäß
määrb: mürbe, ausgelaugt
Mäd[el]: Mädchen
malaad: krank
Mamme, auch **Momme:** Mama, Mutter
Migg: Mücke
minanner, minonner: mitelnander
Mollekopp: Kaulquappe
Mores: Respekt; Angst
Mor[s]che, auch **Morje:** Morgen; Guten Morgen!
Muus: Marmelade
niwwer: hinüber
nochher[t], nodherd, auch **noot:** später
noidabbe: hineintreten
Noigschmeggde: Zugezogene, Fremde
nuff: hinauf
nunner: hinunter
Olwel, Olwerdolwer: Tollpatsch
olwer: ungeschickt; grob
Owacht!: Achtung!
Owend: Abend; Guten Abend!
Parrer/-in: Pfarrer/-in
Persching: Pfirsich
petze: kneifen; jmdn. verraten; trinken
piense: jammern, weinerlich sein
plotze: rauchen
Plümmoo: Bettdecke
Quetsch: Zwetschge
Riwwelkuche: Streuselkuchen
riwwer: hinüber
schaffe: arbeiten, etwas machen
scheel: schräg, komisch
schepp: schief
scherre: kratzen
Schesslong: Sofa
schiergar: beinahe
schinant: schüchtern
Schlabbe, Schläbble: Schuh, Hausschuh
schlawwere: Unsinn reden
Schnawwl: Schnabel, Mund
Schneeges: Süßigkeiten
schneegisch: wählerisch
Schnoog: Schnake, Stechmücke
Schnorres: Schnurrbart
Schnubbe: Schnupfen
Schnuut: Mund
Schobbe: halber Liter Wein
Schossee: Straße
Schwarsnet!: Ich war es nicht!
Schwarzkiddl: Wildschwein
schwetze: sprechen, unterhalten
sellemols: damals
seller, selli, selles: jener, jene, jenes
selwer: selbst
Sießschmeer: Marmelade
Stambes: gestampftes Gemüse, Brei
Stobbe, auch **Stubbe:** Korken
Struwwelichmacher/-in: Durcheinandermacher/-in
uff: auf; nach
uffbasse: aufpassen
Unn? Unn wiie?: Und? Und, wie geht's?
verkasemaduggeln: verstecken; essen
verzehle: erzählen
Wagges: Franzose, Französin
Wedder, auch **Werrer:** Wetter
Weescht?: Weißt du?
Wegg: Brötchen
Wingert: Weinberg
Woi: Wein
worgse, auch **gorgse:** würgen
Worscht: Wurst
Wutz: Schwein
Xox: schlechte Gesellschaft (abwertend)
zobble: ziehen, zupfen
Zores: Ärger
Zorn[g]iggl: aufbrausender Mensch
Zwoggl: Angeber/-in; Bayer/-in

Bildnachweis

S. 2/3: Save nature and wildlife/Shutterstock.com

Impressum

Redaktion Luisa Cimander
Text Michael Landgraf
Illustration Carina Crenshaw
Umschlaggestaltung und -abbildung Tom Leifer Design, Hamburg
Layout und Satz Dirk Brauns, estra.de, Berlin

www.duden.de
www.cornelsen.de

1. Auflage, 1. Druck 2024

Druck und Bindung: Livonia Print, Riga

ISBN 978-3-411-75687-2

PEFC/12-31-006

PEFC zertifiziert
Dieses Produkt stammt aus nachhaltig bewirtschafteten Wäldern und kontrollierten Quellen.

www.pefc.de